Etapas PLUS

Nivel A1.1

1.ª edición: 2010
2.ª impresión: 2011
3.ª impresión: 2012
4.ª impresión: 2014
5.ª impresión: 2017
6.ª impresión: 2019

ISBN: 978-84-9848-244-7
Depósito legal: M-1930-2017

Coordinación editorial:
Mar Menéndez

Diseño de cubierta:
Carlos Casado

Diseño y maquetación:
Carlos Casado, Josefa Fernández y Juanjo López

Ilustraciones:
Carlos Casado y Olga Carmona

Fotografías:
Archivo Edinumen

Impresión:
Gráficas Glodami. Madrid

Editorial Edinumen
José Celestino Mutis, 4.
28028 Madrid
Teléfono: (34) 91 308 51 42
Fax: (34) 91 319 93 09
Correo electrónico: edinumen@edinumen.es
www.edinumen.es

Curso de español por módulos

Libro del alumno

Nivel A1.1

Cosas (1)

Índice de contenidos

Introducción

Etapas es un curso de español cuya característica principal es su distribución **modular** y **flexible**. Basándose en un enfoque orientado a la acción, las unidades didácticas se organizan en torno a un objetivo o tema que dota de contexto a las tareas que en cada una de ellas se proponen.

Los contenidos de **Etapas Plus Nivel A1.1** están organizados para implementarse en un curso de 30 a 60 horas lectivas según el número de actividades opcionales, actividades extras y material complementario que se desee utilizar en el aula.

Etapas Plus Nivel A1.1 está compuesto de los siguientes materiales:

- Libro del alumno,
- Libro de ejercicios,
- Resumen lingüístico-gramatical,
- Audios descargables en la ELEteca.

El *Libro del profesor* contiene indicaciones de las actividades y sugerencias de ejercicios alternativos. Incluye, también, transparencias y fichas con material complementario y, en ocasiones, necesario para la realización de algunas actividades. Estas permiten ofrecer en el *Libro del alumno* dinámicas de aprendizaje más activas y variadas. El *Libro del profesor*, por tanto, es imprescindible para trabajar con **Etapas Plus Nivel A1.1.**

Descripción de los iconos

→ Actividad de interacción oral.

→ Actividad de reflexión lingüística.

→ Actividad de producción escrita.

→ Comprensión auditiva. El número indica el número de pista.

→ Comprensión lectora.

→ Actividad opcional.

Unidad 1

Cosas del primer día

Tareas:
- Conocer a los compañeros de la clase.
- Conocer a otras personas.

Contenidos funcionales:
- Preguntar información personal y presentarse: nacionalidad, edad, lengua, profesión y dirección.
- Saludar y despedirse.
- Comunicarse en el aula.

Contenidos lingüísticos:
- 1.ª y 2.ª persona del singular del presente de indicativo de los verbos *ser, tener, llamarse, dedicarse a* y *hablar.*
- Interrogativos: *dónde, cómo* y *qué.*
- Alfabeto.
- *¿Cómo se dice...?*
- *¿Qué significa...?*
- *Más despacio/alto, por favor.*
- *¿Puedes repetir?*
- Números del 1 al 1000.

Contenidos léxicos:
- Profesiones.
- Países y nacionalidades.
- El aula.

Contenidos culturales:
- Países de habla hispana.
- Nombres y apellidos.

1 Vamos a conocernos

1.1. **Escucha a tu profesor presentarse y completa los dos primeros datos. Después preséntate a tus compañeros.**

Tu profesor/a

[1] **Nombre:** ....

[2] **Nacionalidad:** ....

[3] **Edad:** ....

[4] **Domicilio:** ....

[5] **Lenguas:** ....

1.2. **Conoce más cosas: pregunta a tres compañeros y después completa las fichas.**

[1] **Nombre:** ....
[2] **Nacionalidad:** ....
[3] **Edad:** ....
[4] **Domicilio:** ....
[5] **Lenguas:** ....

[1] **Nombre:** ....
[2] **Nacionalidad:** ....
[3] **Edad:** ....
[4] **Domicilio:** ....
[5] **Lenguas:** ....

[1] **Nombre:** ....
[2] **Nacionalidad:** ....
[3] **Edad:** ....
[4] **Domicilio:** ....
[5] **Lenguas:** ....

1.3. **Presenta a tus compañeros al resto de la clase.**

1.4. **Completa los espacios en blanco.**

Para preguntar y dar información personal

	Pregunta (¿?)	Respuesta
1. Nombre.	*¿Cómo .... llamas?*	*Me llamo ....*
2. Nacionalidad.	*¿De dónde ....?*	*Soy de ....*
3. Edad.	*¿Cuántos años ....?*	*Tengo .... (años).*
4. Domicilio.	*¿Dónde ....?*	*Vivo en ...., en la calle ....*
5. Lenguas.	*¿Qué lenguas ....?*	*Hablo ....*

2 Conocer a otras personas

2.1. **Vamos a conectarnos a Internet para conocer a otros hablantes hispanos. Mira el mapa y señala los países en los que se habla español.**

2.2. **Cinco personas hispanas van a ser nuestros compañeros por Internet. ¿De qué países son? Para adivinarlos te proponemos un juego.**

2.2.1. **Mira y repite con tu profesor las letras del alfabeto.**

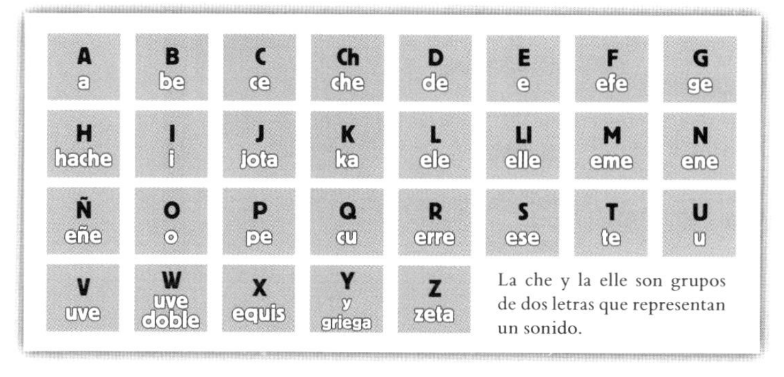

A a	B be	C ce	Ch che	D de	E e	F efe	G ge
H hache	I i	J jota	K ka	L ele	Ll elle	M eme	N ene
Ñ eñe	O o	P pe	Q cu	R erre	S ese	T te	U u
V uve	W uve doble	X equis	Y y griega	Z zeta			

La che y la elle son grupos de dos letras que representan un sonido.

2.2.2. **Escucha la grabación e identifica los países de los compañeros hispanos. Marca con un círculo las letras que oigas.**

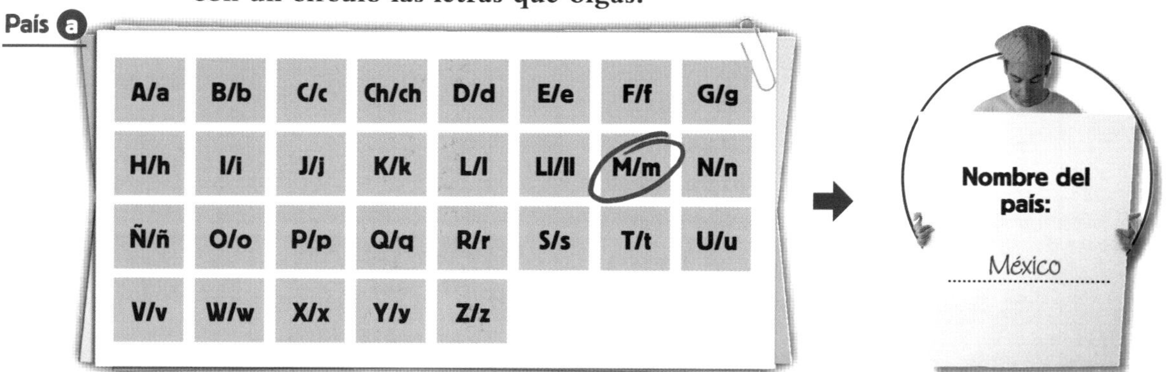

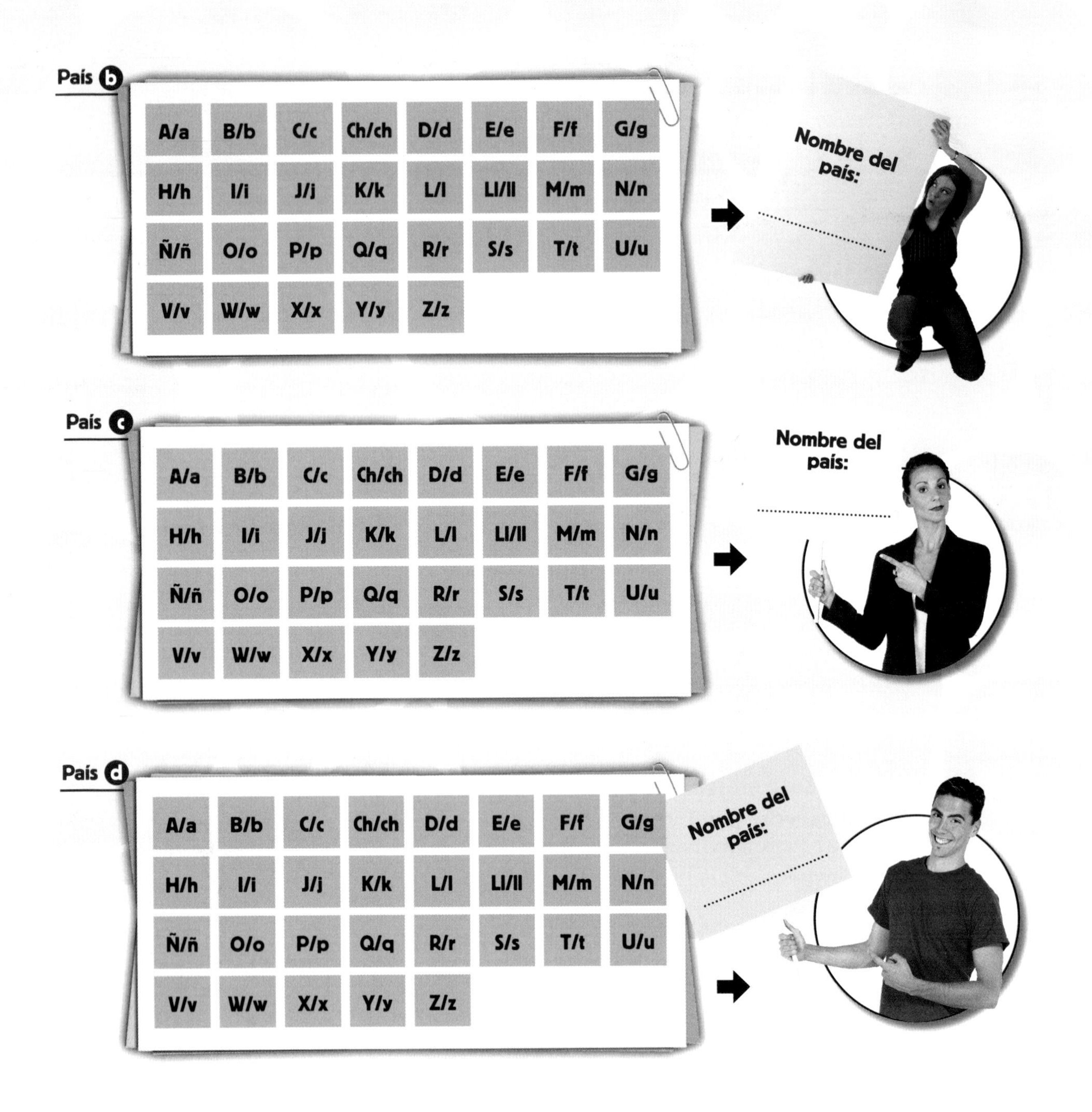

2.3. Otras nacionalidades. Dividid la clase en tríos.

Alumno A

1.º) Deletrea a tu compañero los países que tienes.
2.º) Escucha a tu compañero cómo deletrea algunos países y escríbelos al lado de su nacionalidad.

País	Nacionalidad
[1]	argentino/a
[2] Uruguay	uruguayo/a
[3]	mexicano/a
[4]	chileno/a
[5] Colombia	colombiano/a
[6]	brasileño/a
[7]	inglés/inglesa
[8] Italia	italiano/a

País	Nacionalidad
[9]	estadounidense
[10] Panamá	panameño/a
[11]	español/a
[12]	alemán/alemana
[13]	canadiense
[14] Venezuela	venezolano/a
[15]	japonés/japonesa

Alumno B

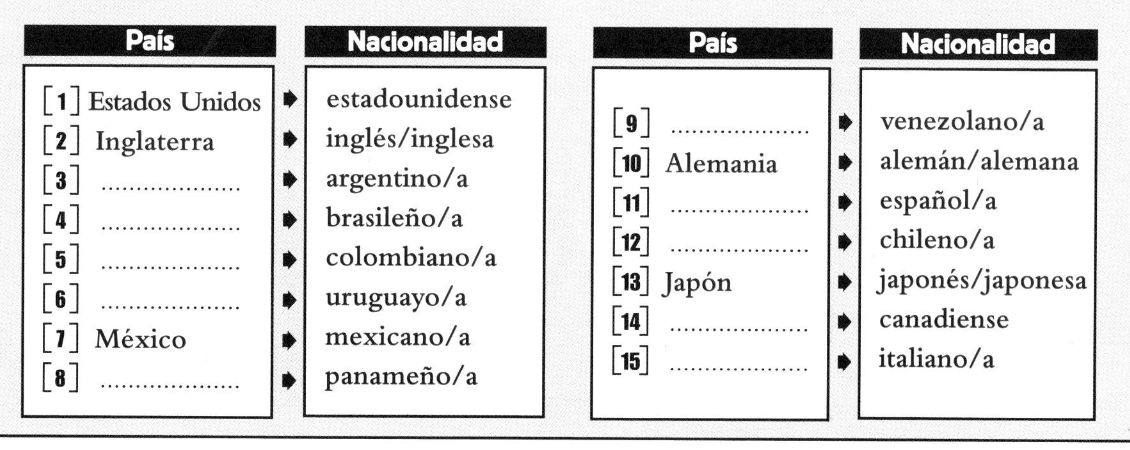

1.º) Deletrea a tu compañero los países que tienes.
2.º) Escucha a tu compañero cómo deletrea algunos países y escríbelos al lado de su nacionalidad.

País		Nacionalidad
[1] Estados Unidos	➧	estadounidense
[2] Inglaterra	➧	inglés/inglesa
[3]	➧	argentino/a
[4]	➧	brasileño/a
[5]	➧	colombiano/a
[6]	➧	uruguayo/a
[7] México	➧	mexicano/a
[8]	➧	panameño/a

País		Nacionalidad
[9]	➧	venezolano/a
[10] Alemania	➧	alemán/alemana
[11]	➧	español/a
[12]	➧	chileno/a
[13] Japón	➧	japonés/japonesa
[14]	➧	canadiense
[15]	➧	italiano/a

Alumno C

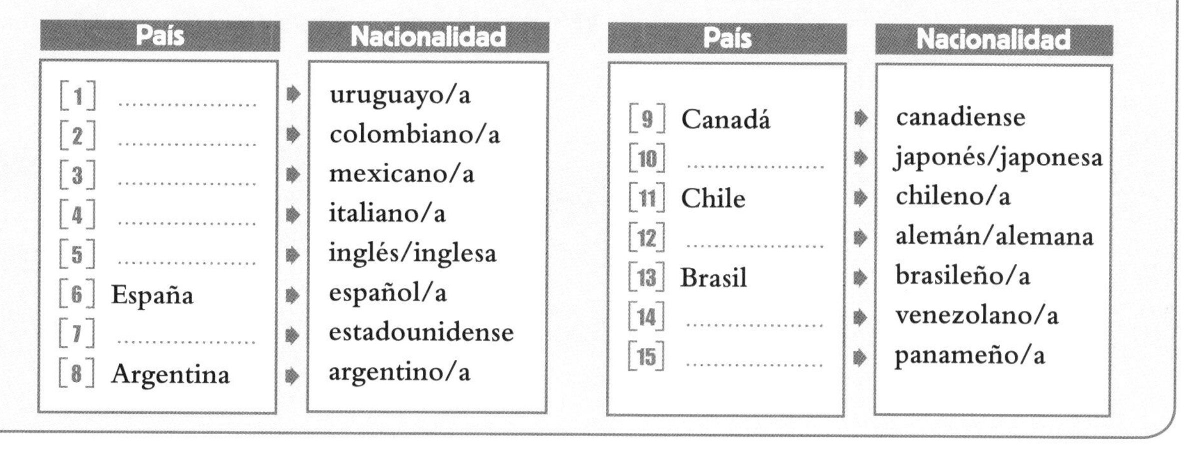

1.º) Deletrea a tu compañero los países que tienes.
2.º) Escucha a tu compañero cómo deletrea algunos países y escríbelos al lado de su nacionalidad.

País		Nacionalidad
[1]	➧	uruguayo/a
[2]	➧	colombiano/a
[3]	➧	mexicano/a
[4]	➧	italiano/a
[5]	➧	inglés/inglesa
[6] España	➧	español/a
[7]	➧	estadounidense
[8] Argentina	➧	argentino/a

País		Nacionalidad
[9] Canadá	➧	canadiense
[10]	➧	japonés/japonesa
[11] Chile	➧	chileno/a
[12]	➧	alemán/alemana
[13] Brasil	➧	brasileño/a
[14]	➧	venezolano/a
[15]	➧	panameño/a

2.4.  **Mira los países que tienes a la izquierda y, con tu compañero, busca en la sopa de letras las nacionalidades. Para ayudarte, fíjate en que, normalmente, la nacionalidad es muy similar al nombre del país.**

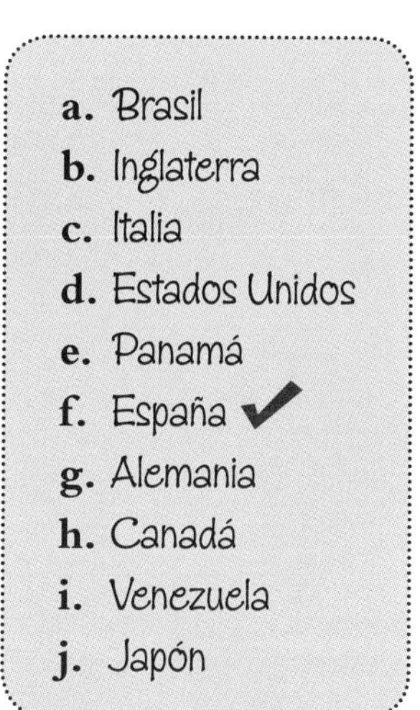

a. Brasil
b. Inglaterra
c. Italia
d. Estados Unidos
e. Panamá
f. España ✔
g. Alemania
h. Canadá
i. Venezuela
j. Japón

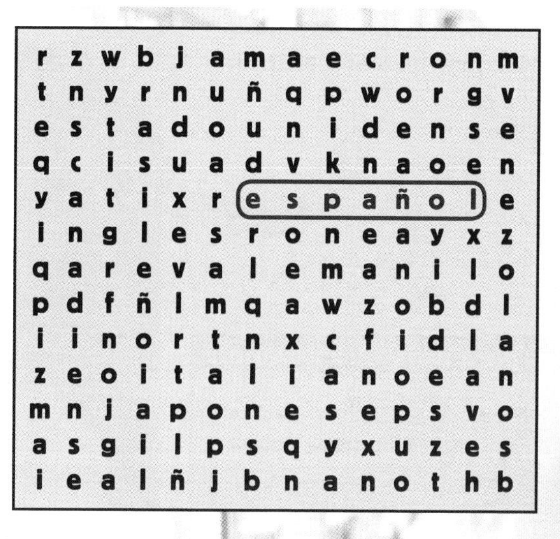

3 Conocer las profesiones de los compañeros

3.1. [2] **Estos son los compañeros hispanos y sus profesiones, pero están desordenados. En la grabación se presentan a la clase: escucha y relaciónalos con sus profesiones.**

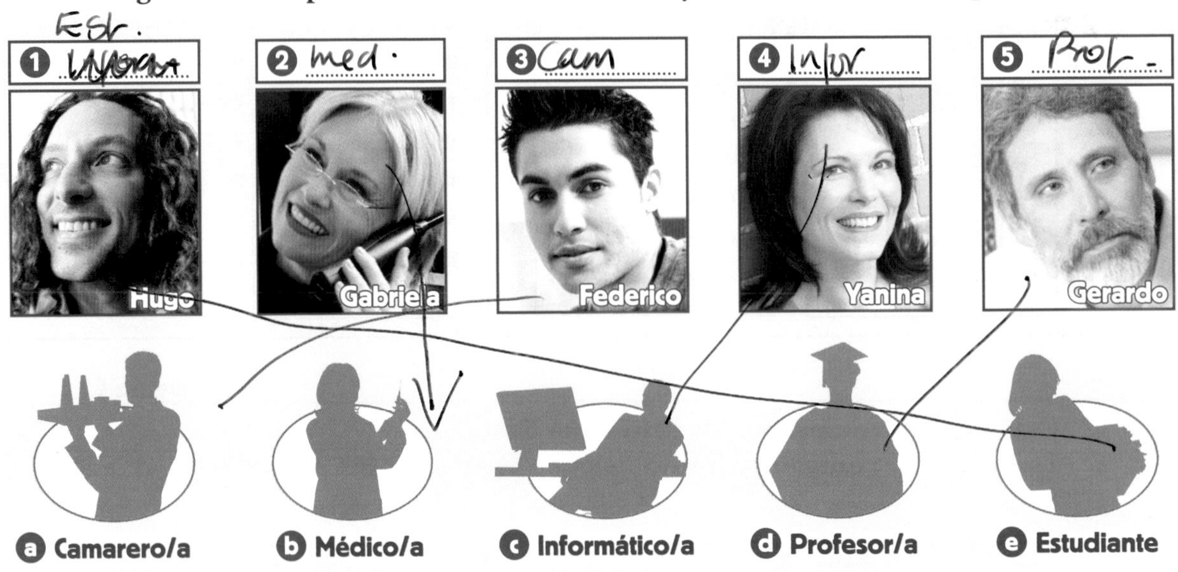

3.2. **Completa los espacios en blanco con la ayuda de tu profesor.**

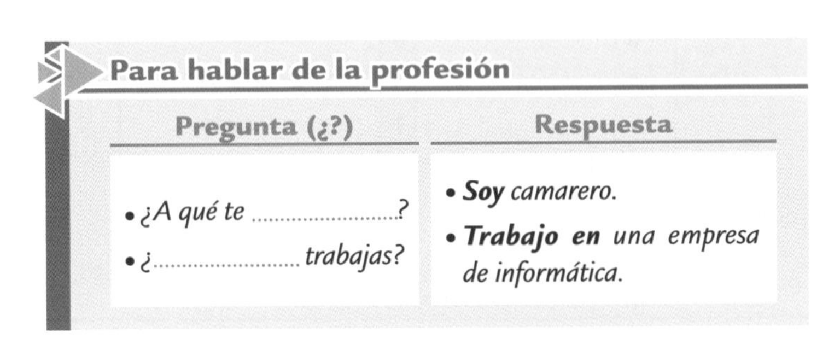

Para hablar de la profesión

Pregunta (¿?)	Respuesta
• *¿A qué te ....?* • *¿.......................... trabajas?*	• ***Soy*** *camarero.* • ***Trabajo en*** *una empresa de informática.*

3.3. **Levántate y pregunta la profesión a tus compañeros. Pregúntales también por qué quieren aprender español. Mira primero el ejemplo:**

Otras razones para aprender español:

- por trabajo
- para viajar
- por estudios
- por placer
- para chatear
- ...

3.4. [2] **Vuelve a escuchar la grabación de la actividad 3.1. con las presentaciones de los compañeros hispanos y escribe las preguntas correspondientes a la información que nos dan.**

1. Federico

[a] ¿ ....Cómo te llamas............ ?
[b] ¿ ....Cuántos años tienes............ ?
[c] ¿ ....A qué te dedicas............ ?

2. Yanina

[a] ¿ .... ?
[b] ¿ .... ?
[c] ¿ .... ?

3. Gabriela

[a] ¿ .... ?
[b] ¿ .... ?
[c] ¿ .... ?
[d] ¿ .... ?

4. Gerardo

[a] ¿ .... ?
[b] ¿ .... ?
[c] ¿ .... ?
[d] ¿ .... ?

5. Hugo

[a] ¿ .... ?
[b] ¿ .... ?
[c] ¿ .... ?
[d] ¿ .... ?

3.5. **¿Cómo nos saludamos en español? Completa este diálogo con las palabras del recuadro.**

Hola ■ días ■ Encantada ■ Qué

Diálogo 1

► .... Me llamo Hans, ¿y tú?
▷ Steven. ¿............................ tal?

Diálogo 2

► Buenos............................ Soy Lara.
▷ Yo me llamo Rubén.
► ....

3.6. **Para practicar, vuestro profesor os va a dar personalidades ficticias; tenéis que preguntaros, unos a otros, por vuestra nueva identidad y descubrir a qué personas de la clase corresponden cada una de estas frases. Cada frase se refiere a una persona distinta.**

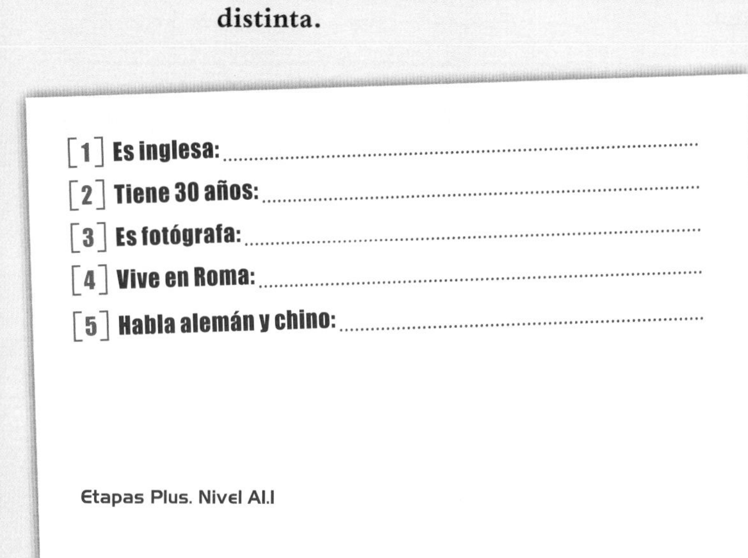

[1] **Es inglesa:** ....
[2] **Tiene 30 años:** ....
[3] **Es fotógrafa:** ....
[4] **Vive en Roma:** ....
[5] **Habla alemán y chino:** ....

4 Comunicarnos en la clase

4.1. Fíjate en esta imagen.

4.2. Mira el siguiente cuadro y completa los espacios en blanco. Si no entiendes algo, pregunta a tu profesor.

Comunicarse en clase

- Cuando no sabemos el nombre de una palabra en español, podemos preguntar:
  – *¿Cómo se .... "table" en español?*
- Cuando no sabemos el significado de una palabra, podemos preguntar:
  – *¿Qué .... "mesa"?*
- Cuando no entendemos bien, podemos decir:
  – *¿Puedes repetir, por favor?*
  – *Más despacio, ...*
  – *Más alto, ...*

4.3. Ahora practica con tu compañero.

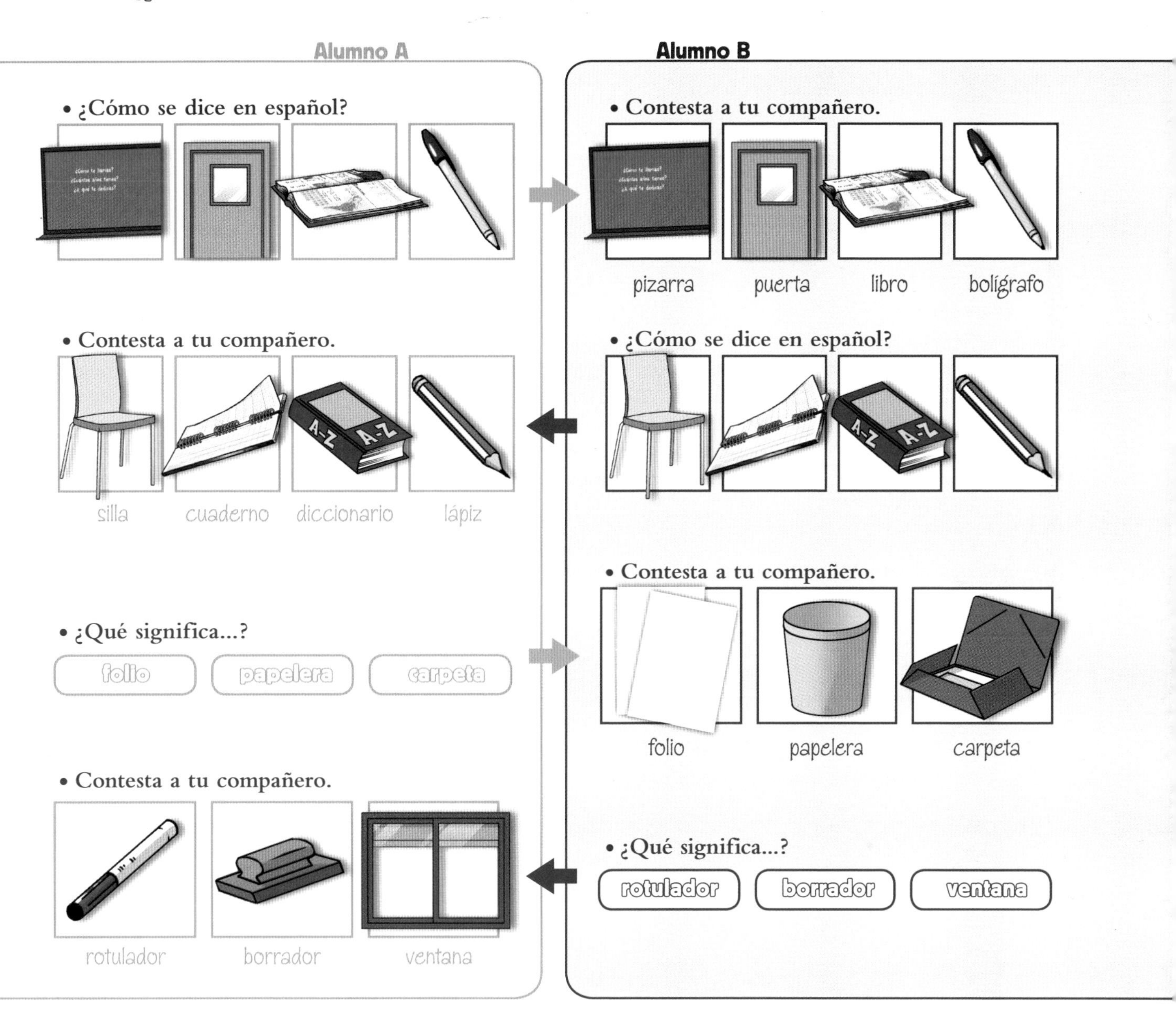

4.4. Completa este cuadro con las palabras que has aprendido en la imagen de 4.1.

Vocabulario del aula

1. ....
2. ....
3. ....
4. ....
5. ....
6. ....
7. ....
8. ....
9. ....
10. ....
11. ....
12. ....
13. ....
14. ....
15. ....

5 Jugar con los números

5.1. **Repite con tu profesor.**

Los números

1 uno, **2** dos, **3** tres, **4** cuatro, **5** cinco, **6** seis, **7** siete, **8** ocho, **9** nueve, **10** diez.

11 once, **12** doce, **13** trece, **14** catorce, **15** quince, **16** dieciséis, **17** diecisiete, **18** dieciocho, **19** diecinueve.

20 veinte, **21** veintiuno, **22** veintidós, **23** veintitrés, **24** veinticuatro, **25** veinticinco, **26** veintiséis, **27** veintisiete, **28** veintiocho, **29** veintinueve, **30** treinta, **31** treinta y uno..., **33** treinta y tres..., **40** cuarenta, **41** cuarenta y uno..., **45** cuarenta y cinco..., **50** cincuenta..., **53** cincuenta y tres, **59** cincuenta y nueve, **60** sesenta..., **66** sesenta y seis, **67** sesenta y siete..., **70** setenta..., **75** setenta y cinco..., **80** ochenta..., **88** ochenta y ocho..., **90** noventa..., **93** noventa y tres..., **100** cien, **101** ciento uno, **102** ciento dos...

200 doscientos, **300** trescientos, **400** cuatrocientos, **500** quinientos, **600** seiscientos, **700** setecientos, **800** ochocientos, **900** novecientos, **1000** mil.

5.2. **Vamos a jugar con los números.**

5.2.1. [3] **Escucha la grabación, une los números como en el ejemplo y descubrirás los dibujos que están ocultos.**

a

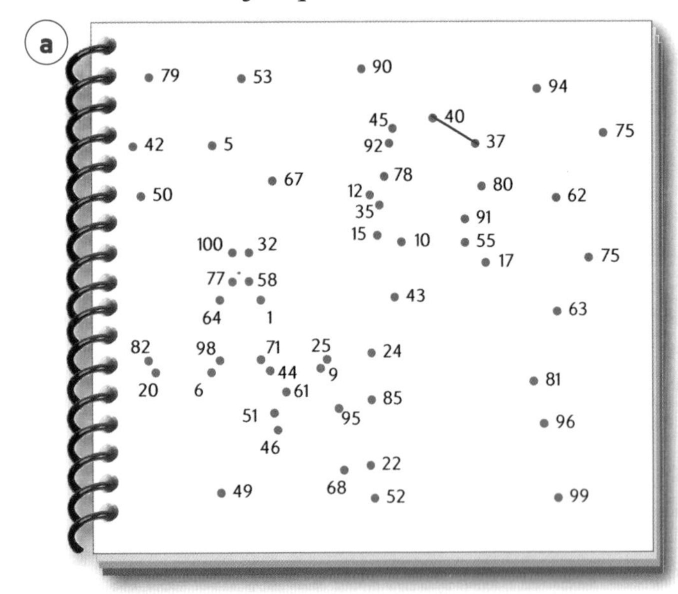

b

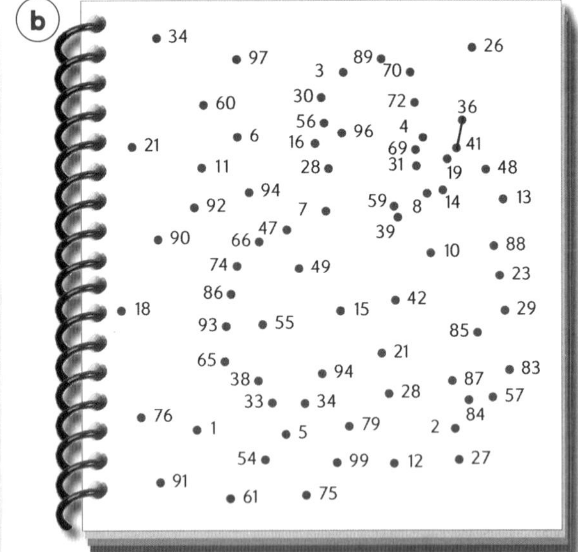

5.3. [4] **Escucha la grabación y escribe los números que oigas.**

[a] ....
[b] 896
[c] ....
[d] ....
[e] ....
[f] 347
[g] ....
[h] ....
[i] 534
[j] ....

Unidad 2

Cosas de familia

Tareas:
- Conocer a nuevos compañeros.
- Conocer a la familia de los compañeros.
- Describir el físico y el carácter de los compañeros.

Contenidos funcionales:
- Presentar a una tercera persona: nacionalidad, edad, lengua, profesión y dirección.
- Describir el físico de una persona.
- Describir el carácter de una persona.

Contenidos lingüísticos:
- 3.ª persona del singular del presente de indicativo de los verbos *ser, tener, llamarse, dedicarse a* y *hablar.*
- Preguntas y respuestas para presentar a otra persona.
- Adjetivos de descripción física y de carácter.
- Algunas reglas de fonética y ortografía.
- Adjetivos posesivos.

Contenidos léxicos:
- La familia.
- Descripción física.
- Descripción de la personalidad.

Contenidos culturales:
- La familia hispana.

1 Conocer a nuevos compañeros

1.1.  **Samuel es otro compañero de Internet. Mira su ficha y escribe las preguntas que necesitas para completarla.**

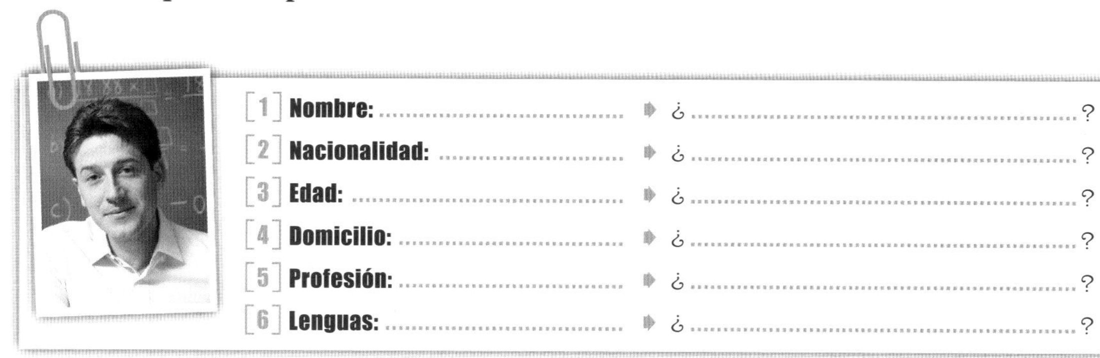

[1] **Nombre:** .... ➧ ¿..............................?
[2] **Nacionalidad:** .... ➧ ¿..............................?
[3] **Edad:** .... ➧ ¿..............................?
[4] **Domicilio:** .... ➧ ¿..............................?
[5] **Profesión:** .... ➧ ¿..............................?
[6] **Lenguas:** .... ➧ ¿..............................?

1.2. **Este es el mensaje que ha mandado Samuel: léelo y completa la ficha de 1.1.**

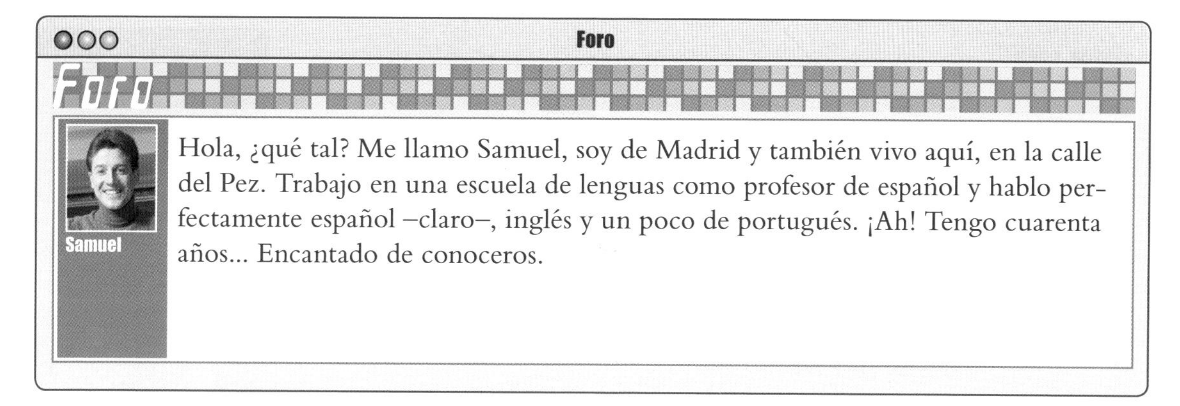

Hola, ¿qué tal? Me llamo Samuel, soy de Madrid y también vivo aquí, en la calle del Pez. Trabajo en una escuela de lenguas como profesor de español y hablo perfectamente español –claro–, inglés y un poco de portugués. ¡Ah! Tengo cuarenta años... Encantado de conoceros.

2 Conocer a la familia de los compañeros

2.1. Este es el árbol genealógico de la familia de Samuel. Mira la foto y piensa qué significan las palabras que están en el cuadro. Con tu compañero, completa en el árbol los espacios de b, f, g, i.

madre ■ mujer (esposa) ■ hermano ■ sobrino

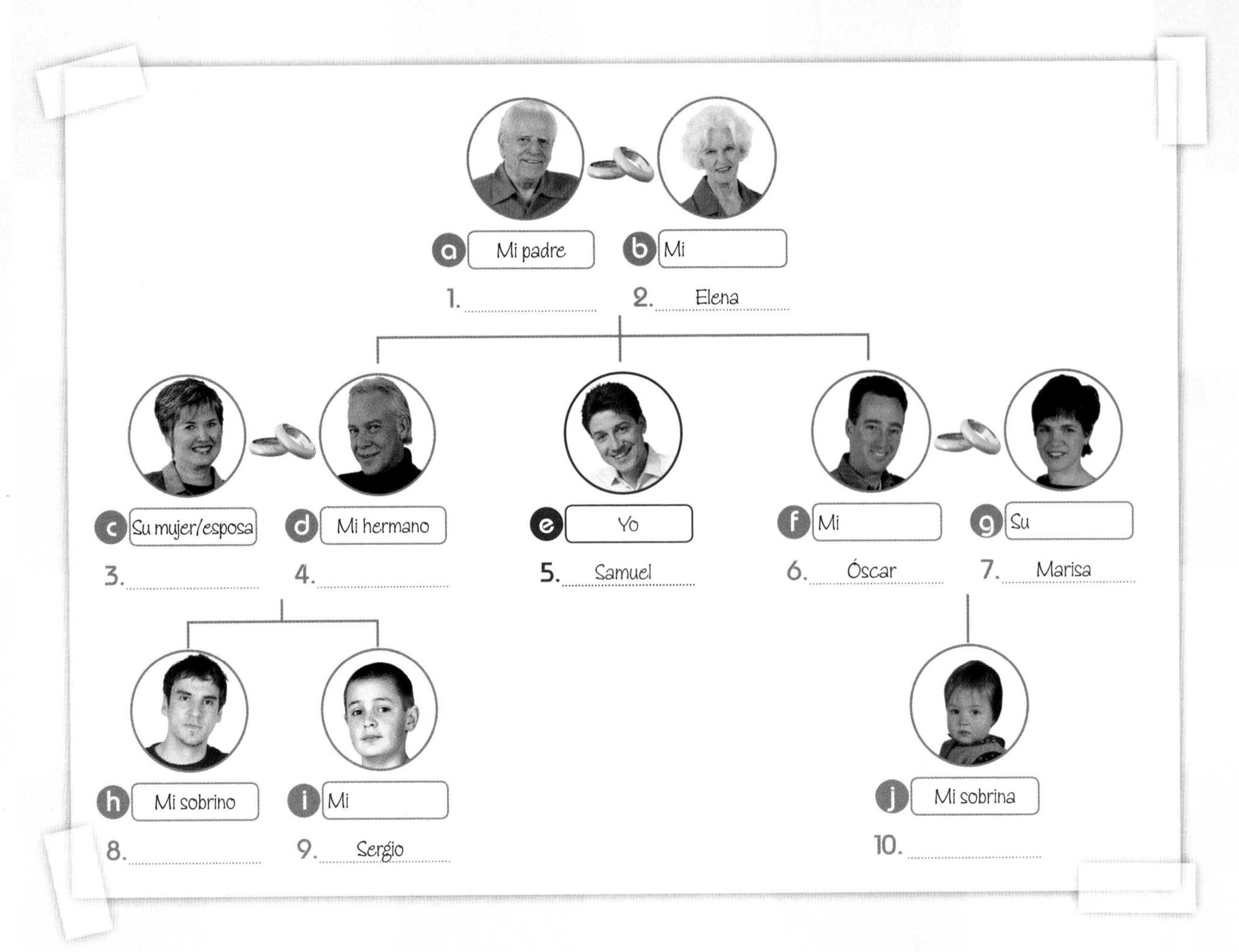

2.2.  [5] Escucha la siguiente grabación donde Samuel nos presenta a su familia y corrige tu respuesta de 2.1.

2.3.  [5] Vuelve a escuchar la grabación anterior y escribe en 2.1. cómo se llaman las personas de la familia de Samuel. Emplea los espacios señalados con un número.

2.4. Mira la transcripción de la grabación anterior y, con la ayuda de tu profesor, completa el siguiente cuadro, según las relaciones de parentesco. Sigue el ejemplo.

2.5. [6] Fíjate en estas imágenes: son algunos datos de los miembros de la familia de Samuel. Escucha de nuevo a Samuel: ¿qué imagen le corresponde a cada miembro?

2.5.1. Ahora escribe la frase completa.

[1] **El padre: Pablo** ➧ A. Tiene 68 años .... C. Es... .... G. Vive...

[2] **El hermano: Óscar** ➧ E. Es... .... G. Vive...

[3] **La madre: Elena** ➧ B. Tiene...

[4] **La cuñada: Esperanza** ➧ F. Es...

[5] **El hermano: Mario** ➧ D. Vive...

[6] **La cuñada: Marisa** ➧ H. Es...

2.6. **Completa el cuadro. Para preguntar o dar información sobre una tercera persona, usamos...**

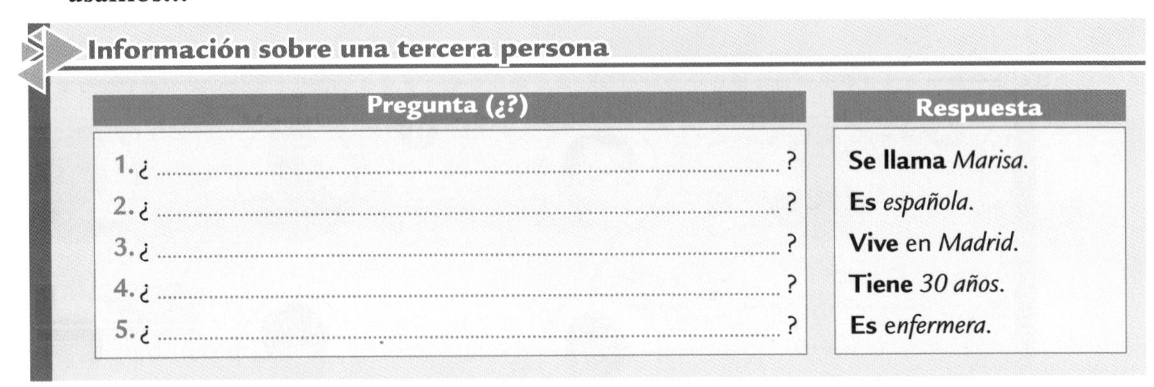

Información sobre una tercera persona

Pregunta (¿?)	Respuesta
1. ¿ .... ?	**Se llama** *Marisa.*
2. ¿ .... ?	**Es** *española.*
3. ¿ .... ?	**Vive** en *Madrid.*
4. ¿ .... ?	**Tiene** *30 años.*
5. ¿ .... ?	**Es** *enfermera.*

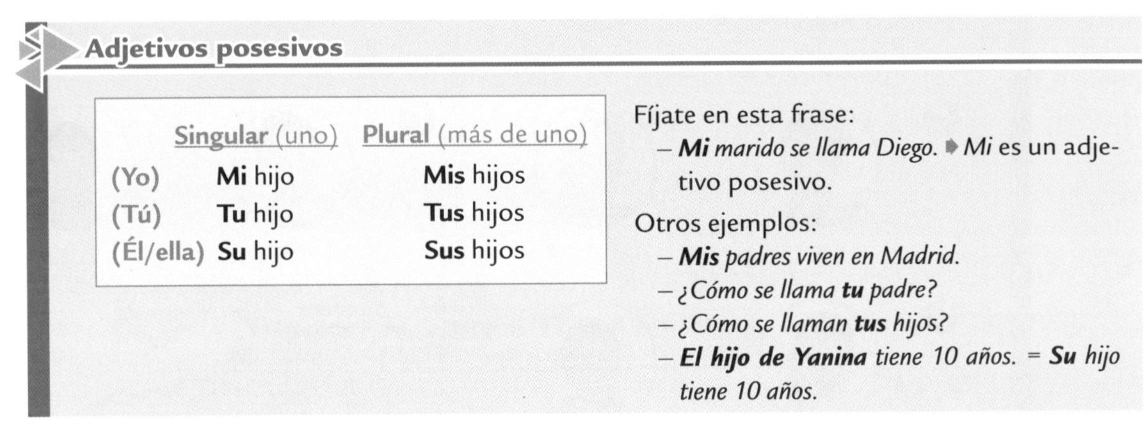

Adjetivos posesivos

	Singular (uno)	Plural (más de uno)
(Yo)	**Mi** hijo	**Mis** hijos
(Tú)	**Tu** hijo	**Tus** hijos
(Él/ella)	**Su** hijo	**Sus** hijos

Fíjate en esta frase:
– ***Mi** marido se llama Diego.* ➧ *Mi* es un adjetivo posesivo.

Otros ejemplos:
– ***Mis** padres viven en Madrid.*
– *¿Cómo se llama **tu** padre?*
– *¿Cómo se llaman **tus** hijos?*
– ***El hijo de Yanina** tiene 10 años.* = ***Su** hijo tiene 10 años.*

2.7. **Pregunta a tu compañero por su familia y dibuja su árbol genealógico para mandarlo por Internet.**

2.8. **Los compañeros hispanos nos presentan a sus familias, pero un problema con Internet ha mezclado los datos. Lee las frases y relaciona la información de cada persona.**

1. Hola, soy Federico. Tengo 28 años y estoy casado con Mathilda.
2. Soy Yanina. Como sabéis, soy mexicana, pero vivo en Nueva York con mi marido; se llama Diego.
3. Buenas... Soy Gabriela, de Colombia, ¿recuerdas? Estoy casada.
4. Pues, yo soy Gerardo, de Uruguay, tengo 36 años y estoy soltero.
5. Hola, soy Hugo, estudiante de lenguas. Soy chileno, pero vivo en Londres con mi novia.

a. Mi marido se llama José María.
b. Vivo en mi país, en Montevideo, con mi hermana y mi sobrino.
c. Mi novia se llama Samantha.
d. Mathilda tiene 26 años.
e. Diego es de Venezuela.
f. José María es profesor de música.
g. Mi sobrino se llama Carlos y tiene 2 años.
h. Mathilda es cocinera. Trabaja conmigo en un restaurante.
i. Mi marido es abogado.
j. Diego y yo tenemos un hijo.
k. Trabajo en el hospital de Bogotá, la capital de Colombia, es la ciudad donde vivo también.

2.9.  **Nos gustaría saber más información de la familia de los compañeros hispanos. Escribe las preguntas que necesitas para mandarlas por Internet.**

[1] **Domicilio de Federico** ➧ ¿..?

[2] **Edad del marido de Yanina** ➧ ¿..?

[3] **Nombre del hijo de Yanina** ➧ ¿..?

[4] **Edad del hijo de Yanina** ➧ ¿..?

[5] **Nacionalidad del marido de Gabriela** ➧ ¿..?

[6] **Edad de Gabriela** ➧ ¿..?

[7] **Nombre de la hermana de Gerardo** ➧ ¿..?

[8] **Profesión de la hermana de Gerardo** ➧ ¿..?

[9] **Nacionalidad de la novia de Hugo** ➧ ¿..?

[10] **Edad de Hugo** ➧ ¿..?

[11] **Profesión de la novia de Hugo** ➧ ¿..?

2.10.  **Tu profesor tiene las respuestas a las anteriores preguntas. Tenéis que levantaros y buscar la información que os falta.**

3 Conocer el físico de los compañeros

3.1. **Lee la descripción de Federico y Yanina. Mira las imágenes que tienes a continuación y trata de descubrir qué significan las palabras subrayadas.**

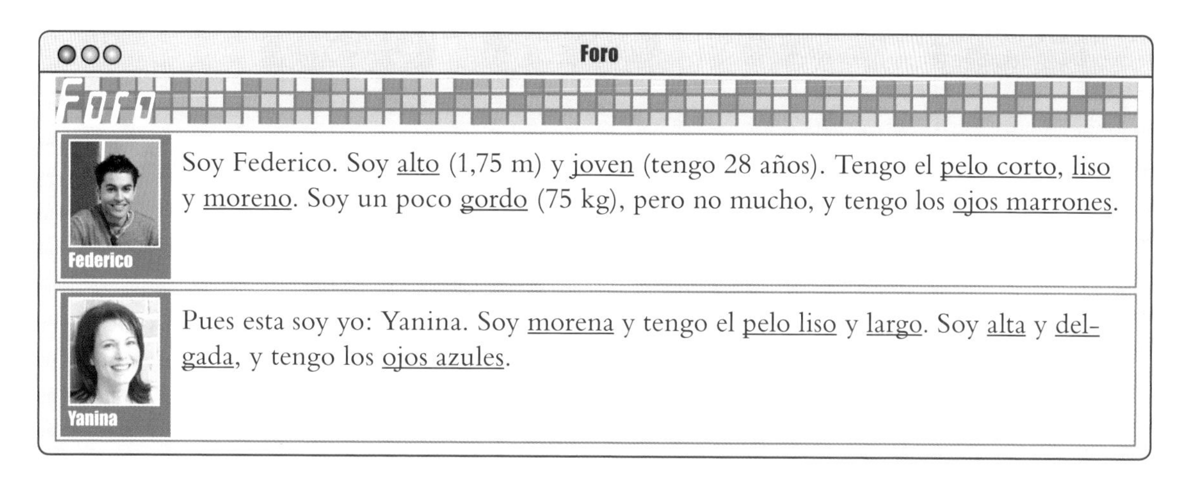

Soy Federico. Soy alto (1,75 m) y joven (tengo 28 años). Tengo el pelo corto, liso y moreno. Soy un poco gordo (75 kg), pero no mucho, y tengo los ojos marrones.

Pues esta soy yo: Yanina. Soy morena y tengo el pelo liso y largo. Soy alta y delgada, y tengo los ojos azules.

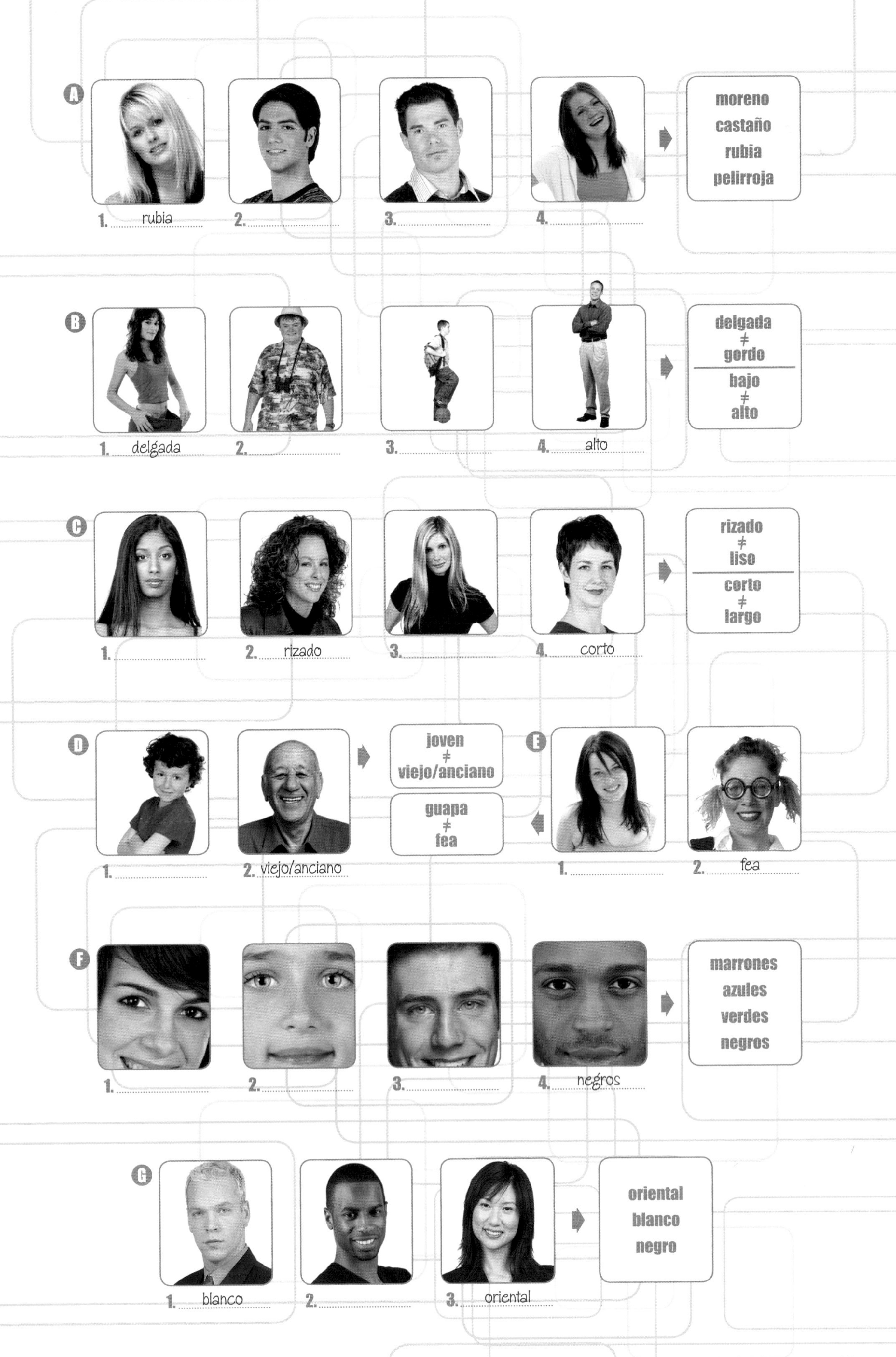
A
1. rubia
2.
3.
4.
moreno
castaño
rubia
pelirroja
B
1. delgada
2.
3.
4. alto
delgada
≠
gordo
bajo
≠
alto
C
1.
2. rizado
3.
4. corto
rizado
≠
liso
corto
≠
largo
D
1.
2. viejo/anciano
joven
≠
viejo/anciano
guapa
≠
fea
E
1.
2. fea
F
1.
2.
3.
4. negros
marrones
azules
verdes
negros
G
1. blanco
2.
3. oriental
oriental
blanco
negro

3.2.  **Algunas de estas fotos son las fotos de Gabriela, Gerardo y Hugo. Lee las descripciones que nos han mandado y relaciónalas con la imagen correspondiente.**

Foro

1. Qué feo estoy en esta foto. Soy **Hugo**: soy alto y pelirrojo, tengo los ojos azules y el pelo largo y rizado. Es que mis abuelos eran ingleses. ☐
2. Yo soy **Gabriela**, soy rubia y tengo el pelo corto y liso. Soy baja y delgada y llevo gafas. ☐
3. Pues yo soy **Gerardo**, moreno y con canas. Tengo el pelo rizado y corto. Llevo bigote y barba. Soy bajo y tengo los ojos marrones. ☐

A. B. C. D. E. F.

3.3. **Para describir físicamente a personas, usamos los verbos *ser*, *tener* y *llevar*.**

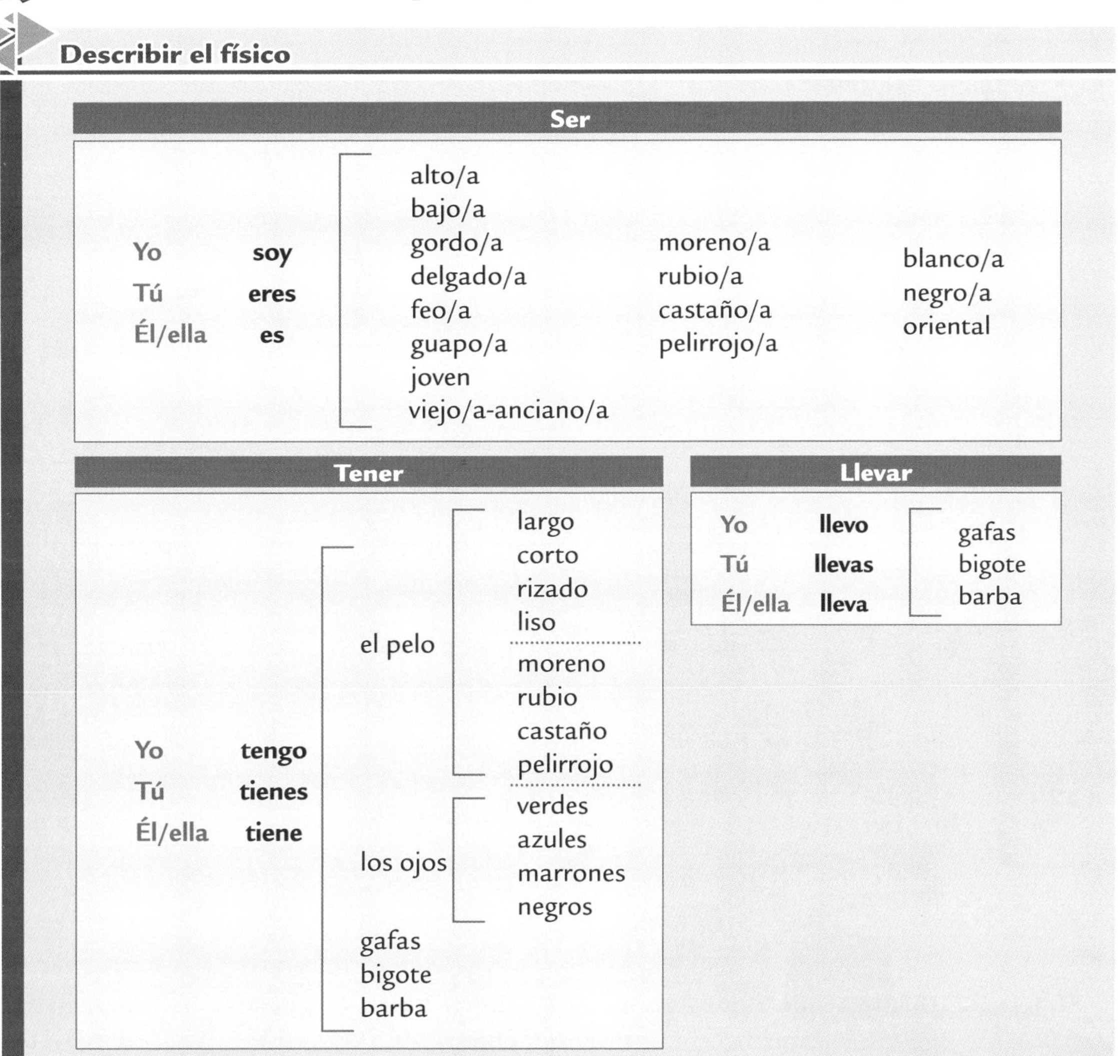

Describir el físico

Ser

Yo	**soy**	alto/a, bajo/a, gordo/a, delgado/a, feo/a, guapo/a, joven, viejo/a-anciano/a	moreno/a, rubio/a, castaño/a, pelirrojo/a	blanco/a, negro/a, oriental
Tú	**eres**			
Él/ella	**es**			

Tener

Yo	**tengo**	el pelo	largo, corto, rizado, liso
Tú	**tienes**		moreno, rubio, castaño, pelirrojo
Él/ella	**tiene**	los ojos	verdes, azules, marrones, negros
		gafas, bigote, barba	

Llevar

Yo	**llevo**	gafas, bigote, barba
Tú	**llevas**	
Él/ella	**lleva**	

3.4. Uno de los siguientes famosos quiere pertenecer a nuestro grupo. Tu profesor sabe quién es. Para adivinarlo debéis hacerle preguntas sobre su físico. La respuesta solo puede ser *sí* o *no*.

Fernando Alonso. Piloto. Español.

García Márquez. Escritor. Colombiano.

Shakira. Cantante. Colombiana.

Guillermo del Toro. Director de cine. Mexicano.

4 El carácter

4.1. Las siguientes palabras las usamos para hablar del carácter. Busca el significado en el diccionario y clasifícalas en positivas o negativas. Trabaja con tu compañero/a.

	⊕	⊖		⊕	⊖
1. Amable	☐	☐	7. Complicado/a	☐	☐
2. Simpático/a	☐	☐	8. Tacaño/a	☐	☐
3. Generoso/a	☐	☐	9. Aburrido/a	☐	☐
4. Cerrado/a	☐	☐	10. Buena persona	☐	☐
5. Antipático/a	☐	☐	11. Divertido/a	☐	☐
6. Abierto/a	☐	☐	12. Majo/a	☐	☐

4.2. Para hablar del carácter de una persona usamos el verbo *ser*. Completa la columna del verbo.

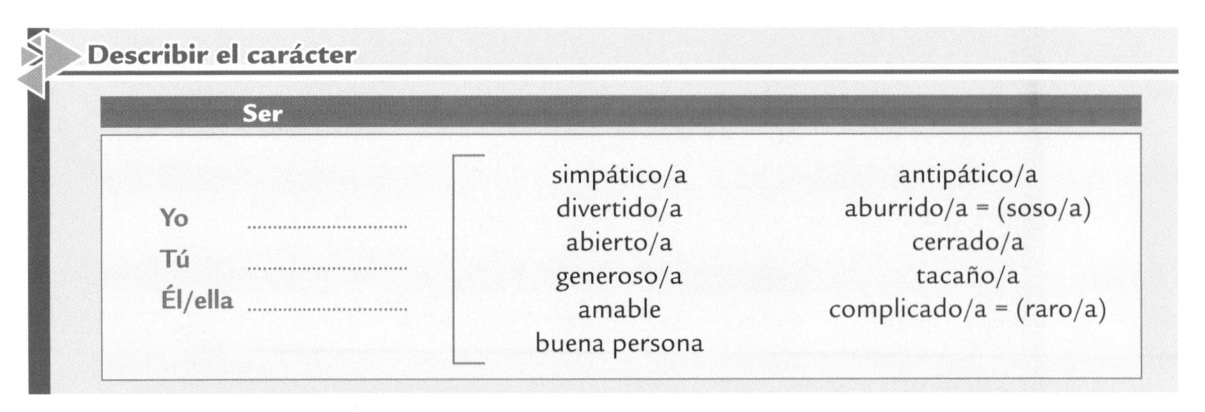
Describir el carácter

Ser		
Yo	simpático/a	antipático/a
Tú	divertido/a	aburrido/a = (soso/a)
Él/ella	abierto/a	cerrado/a
	generoso/a	tacaño/a
	amable	complicado/a = (raro/a)
	buena persona	

4.3. Piensa en un miembro de tu familia a quien te gustaría invitar a formar parte del grupo y descríbeselo a tu compañero: habla de su físico y de su carácter.

5 Un poco de fonética

5.1. [7] **Escucha la siguiente grabación. Fíjate en cómo se pronuncian estas palabras y repite.**

- simpático
- antipático
- amable
- majo
- divertido
- aburrido
- abierto
- cerrado
- complicado
- tacaño
- generoso
- buena persona

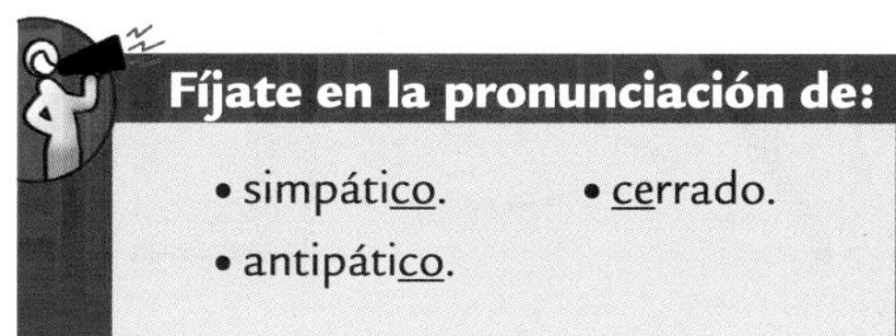
Fíjate en la pronunciación de:

- simpáti<u>co</u>.
- antipáti<u>co</u>.
- <u>c</u>errado.

5.2. **Algunas reglas de fonética.**

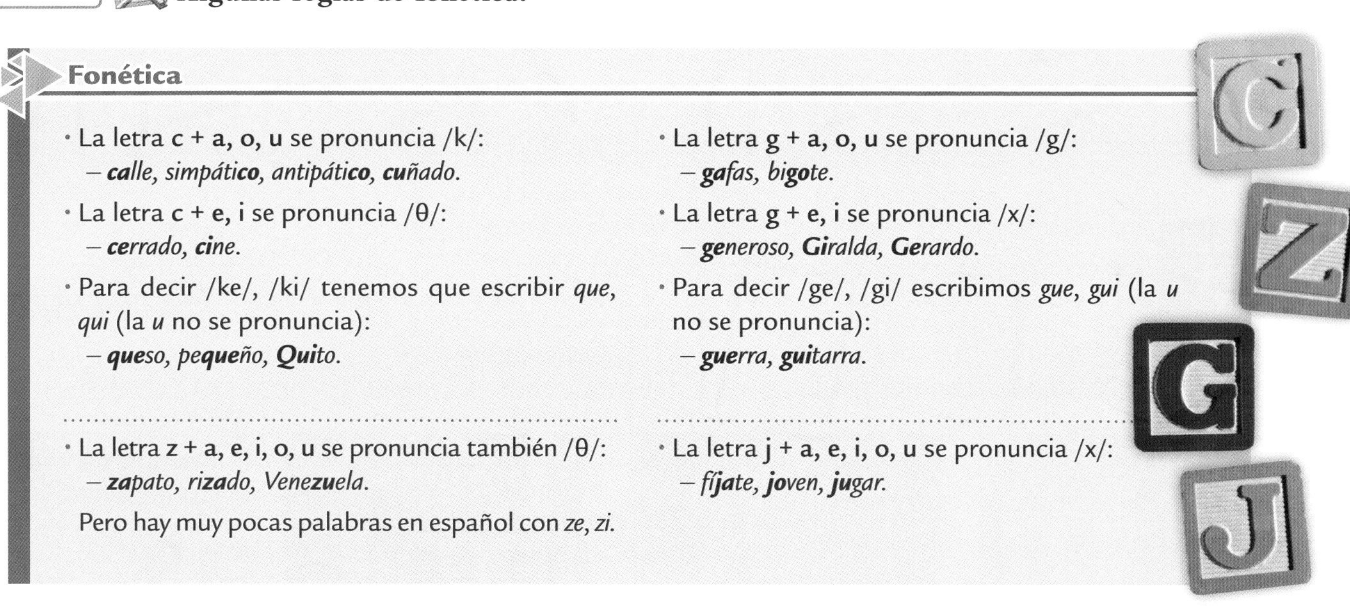
Fonética

- La letra **c** + **a, o, u** se pronuncia /k/:
  – ***ca**lle, simpáti**co**, antipáti**co**, **cu**ñado.*
- La letra **c** + **e, i** se pronuncia /θ/:
  – ***ce**rrado, **ci**ne.*
- Para decir /ke/, /ki/ tenemos que escribir *que*, *qui* (la *u* no se pronuncia):
  – ***que**so, pe**que**ño, **Qui**to.*
- La letra **g** + **a, o, u** se pronuncia /g/:
  – ***ga**fas, bi**go**te.*
- La letra **g** + **e, i** se pronuncia /x/:
  – ***ge**neroso, **Gi**ralda, **Ge**rardo.*
- Para decir /ge/, /gi/ escribimos *gue*, *gui* (la *u* no se pronuncia):
  – ***gue**rra, **gui**tarra.*

- La letra **z** + **a, e, i, o, u** se pronuncia también /θ/:
  – ***za**pato, ri**za**do, Vene**zu**ela.*

  Pero hay muy pocas palabras en español con *ze, zi*.
- La letra **j** + **a, e, i, o, u** se pronuncia /x/:
  – ***fíja**te, **jo**ven, **ju**gar.*

5.3. [8] **Escucha la grabación y escribe la letra que falta (c, z, g, j).**

[1] **Ar** g **entina.**
[2] **Sui__a.**
[3] **E__ipto.**
[4] **Fran__ia.**
[5] **__apón.**
[6] **__amarero.**
[7] **Del__ado.**
[8] **Lu__ía.**
[9] **Puerto Ri__o.**
[10] **O__os.**
[11] **Lar__o.**
[12] **Esperan__a.**
[13] **Se__ovia.**
[14] **__alvo.**
[15] **Traba__a.**
[16] **A__ules.**
[17] **__anas.**
[18] **Mu__er.**
[19] **__osé.**
[20] **Ser__io.**
[21] **Hi__o.**

5.4. **Escribe una palabra en tu lengua con sonidos similares a los de 5.2.**

[1] /k/: ....
[2] /θ/: ....
[3] /g/: ....
[4] /x/: ....

Unidad 3

Cosas de casa

Tareas:

- Conocer el barrio y la casa de los compañeros.
- Interpretar planos para ubicar y localizar lugares y establecimientos.
- Leer anuncios y correos electrónicos sobre intercambios de casas.

Contenidos funcionales:

- Preguntar y dar direcciones.
- Describir la casa.
- Describir muebles y objetos, y decir dónde están.
- Expresar estados de ánimo y físicos.

Contenidos lingüísticos:

- La diferencia *hay-está* para preguntar y dar direcciones.
- Preposiciones y locuciones para localizar.
- El artículo determinado e indeterminado.

Contenidos léxicos:

- Establecimientos.
- Muebles y habitaciones de una casa.
- Vocabulario para hablar de los estados de ánimo y físicos.

Contenidos culturales:

- Los intercambios de casa.

1 Interpretar planos: ubicar y localizar

1.1. ¿Sabes cómo se llaman estos establecimientos en español?

1.

2.

3.

4.

5.

6.

7.

8.

9.

10.

1.2. Gabriela, nuestra compañera hispana, va a Salamanca a visitar a una amiga, Susana. Este es el plano de su barrio.

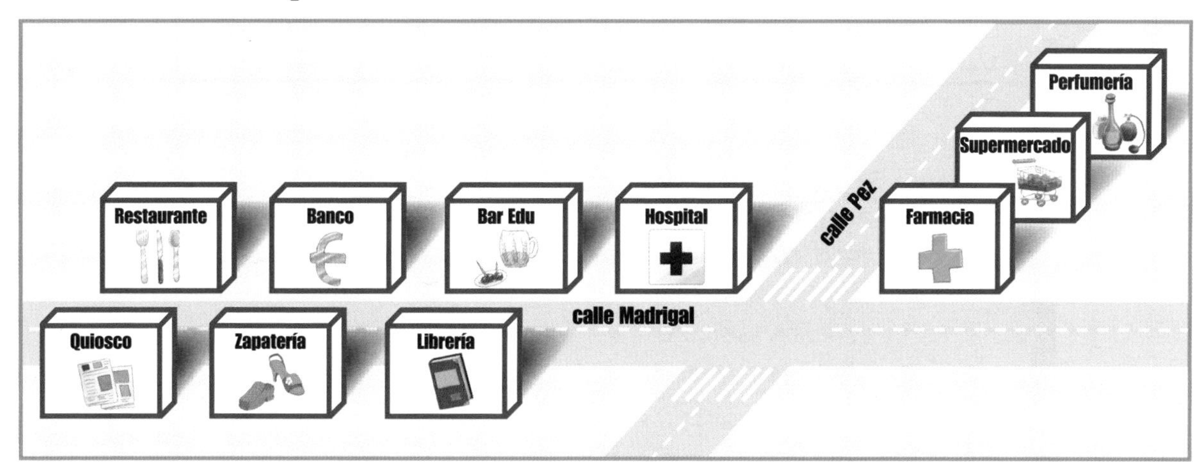

1.3. [9] Escucha a Susana describir su barrio y relaciona las locuciones de ubicación con la imagen correspondiente.

a la derecha ■ al lado de ■ entre... y... ■ a la izquierda ■ enfrente de

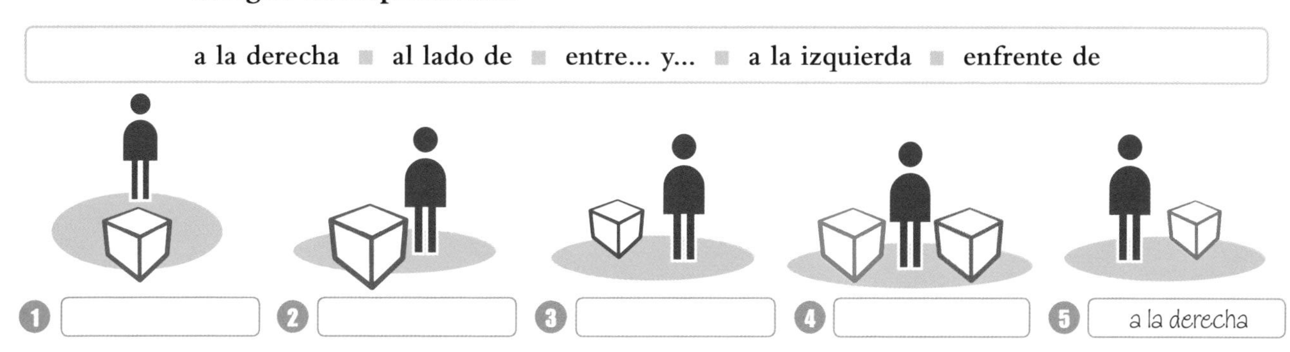

1.4. Hugo nos ha dejado un mensaje describiéndonos su barrio. Pero es un jeroglífico que tenemos que resolver. Escribe en el plano el nombre de los establecimientos.

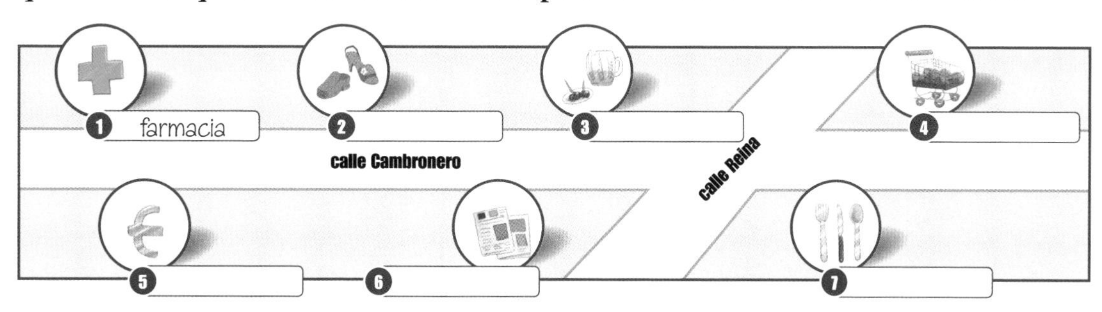

1.4.1. Mira el plano y completa el siguiente jeroglífico.

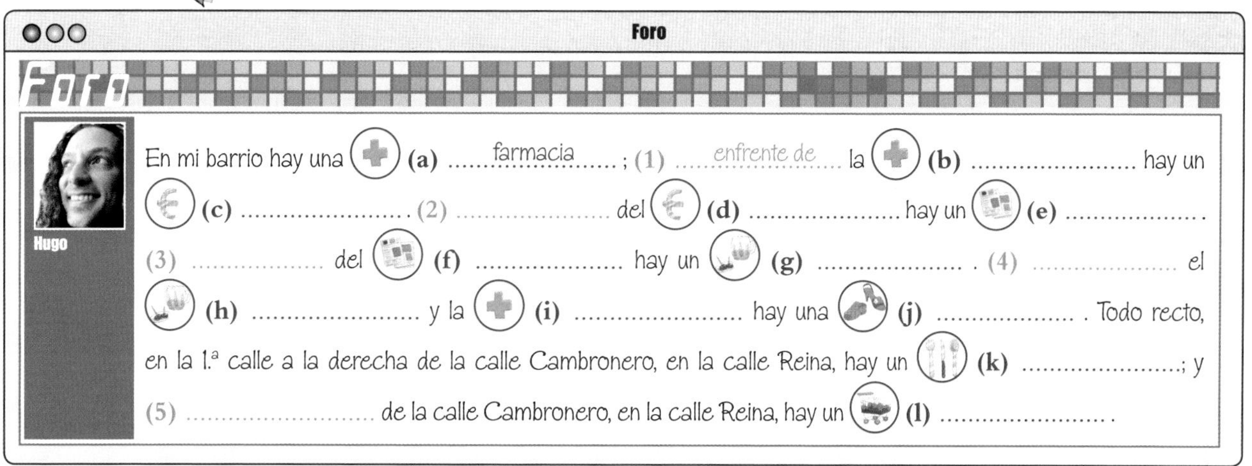

En mi barrio hay una (a) ....farmacia.... ; (1) ....enfrente de.... la (b) .... hay un (c) .... (2) .... del (d) .... hay un (e) .... (3) .... del (f) .... hay un (g) .... (4) .... el (h) .... y la (i) .... hay una (j) .... Todo recto, en la 1.ª calle a la derecha de la calle Cambronero, en la calle Reina, hay un (k) ....; y (5) .... de la calle Cambronero, en la calle Reina, hay un (l) ....

1.5.  **Para ubicar y localizar podemos usar los siguientes verbos y palabras.**

Verbos para ubicar y localizar

Hay

- Para preguntar por un lugar cuando no sabemos si existe.
  - *¿Hay una librería en tu barrio?*
  - *¿Dónde hay una librería?*
  - *¿Hay un supermercado?*
  - *¿Dónde hay un supermercado?*

  Fíjate: el artículo que usamos es *un/una*.
- Para expresar existencia.
  - *Hay* [*un bar.* / *una librería.* / *tiendas.*]

Está

- Para preguntar por un lugar que sabemos que existe.
  - *¿Dónde está la librería?*
  - *¿Dónde está el supermercado?*

  Fíjate: el artículo que usamos es *el/la*.
- Para localizar.
  - *La librería está enfrente de la farmacia.*
  - *El bar está al lado del banco.*
  - *Madrid está en España.*

Para ubicar y localizar objetos usamos las siguientes palabras:

- *a la derecha de...*
- *a la izquierda de...*
- *al lado de...*
- *entre... y ....*
- *enfrente de...*
- ....
- *todo recto*
- ....
- ....

1.6. **Dividid la clase en parejas.**

Cervecería Popular
Calle Fortuna
Calle San Isidro
Café Rey
Calle Embajadores
Calle Luna
Hospital del Niño
Librería Antigua

Alumno A

1. Sitúa en el plano, en los cuadros verdes, los siguientes establecimientos:
   - el bar Cambalache
   - una perfumería
   - una zapatería
   - el supermercado Ahorra Mucho
   - el hospital Clínico

2. Pregunta a tu compañero por los siguientes establecimientos:
   - una tienda
   - la librería Cervantes
   - una farmacia
   - el restaurante Maravillas
   - un quiosco

   Sigue sus instrucciones y márcalos en el mapa.

Alumno B

1. Sitúa en el plano, en los cuadros amarillos, los siguientes establecimientos:
   - una tienda
   - la librería Cervantes
   - una farmacia
   - el restaurante Maravillas
   - un quiosco

2. Pregunta a tu compañero por los siguientes establecimientos:
   - el bar Cambalache
   - una perfumería
   - una zapatería
   - el supermercado Ahorra mucho
   - el hospital Clínico

   Sigue sus instrucciones y márcalos en el mapa.

2 Conocer la casa de los compañeros

2.1. **Una de estas casas es la de Susana. Fíjate en el nombre de las habitaciones.**

Casa 1

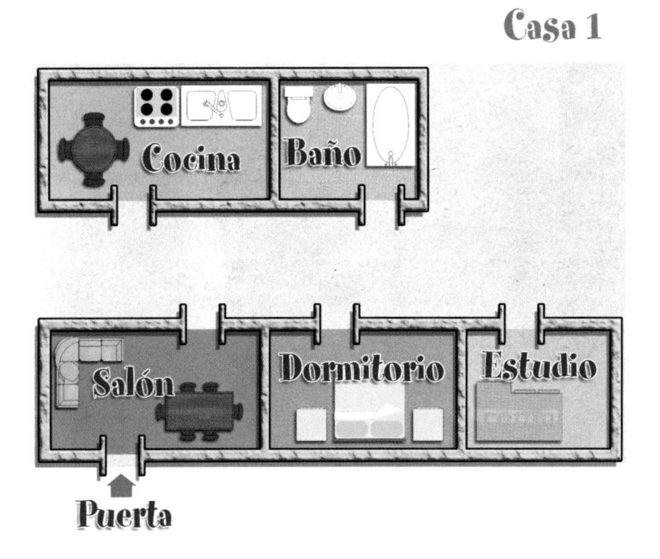

Casa 2

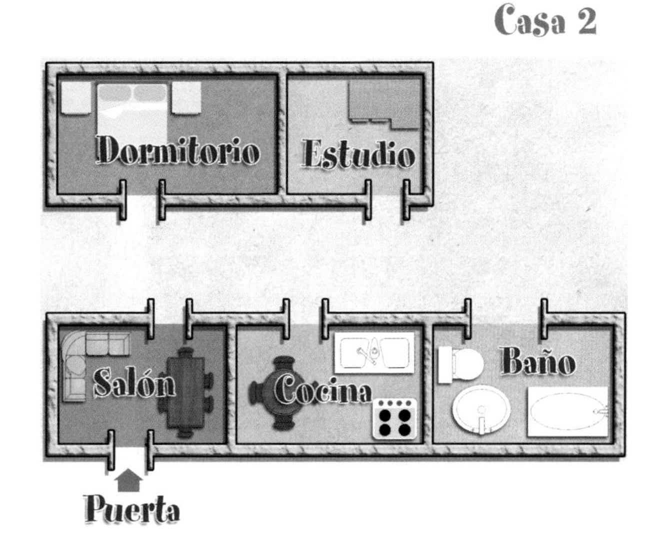

2.2. [10] **Escucha la descripción de la casa de Susana y elige el plano que le corresponde.**

2.3.  **Susana quiere volver a decorar su casa. Estos son los muebles que quiere comprar. Completa las palabras con las vocales que faltan.**

2.4. **Yanina, otra de las compañeras hispanas, nos ha mandado unos dibujos de su casa. En cada habitación hay dos objetos que no están en 2.3. Vamos a descubrirlos. Dividid la clase en parejas, pero antes mira el significado de estas palabras y completa el cuadro de 1.5.**

Fíjate

en	encima de	debajo de
– La pelota está en el mueble.	*– La pelota está encima del mueble.*	*– La pelota está debajo del mueble.*

Alumno A

1. Mira las fotos, lee la descripción, identifica los objetos nuevos y escribe los nombres de las habitaciones.

....

Hay un microondas, que está encima del horno. El cubo de basura está a la izquierda del frigorífico.

2. Describe a tu compañero las habitaciones de la casa de Yanina. Explícale las palabras nuevas que has aprendido. Él tiene que adivinar qué habitaciones son.

....

La alfombra está en el suelo, entre la cama y el armario, enfrente de la mesilla. El perchero está a la derecha del armario.

Alumno B

1. Mira las fotos, lee la descripción, identifica los objetos nuevos y escribe los nombres de las habitaciones.

....

Hay una lámpara de pie al lado del sofá.
El cuadro está en la pared, encima del sillón.

2. Describe a tu compañero las habitaciones de la casa de Yanina. Explícale las palabras nuevas que has aprendido. Él tiene que adivinar qué habitaciones son.

....

El flexo está encima de la mesa de estudio.
La mochila está debajo de la silla.

3 Intercambio de casas: los estados de ánimo y físicos

3.1. **Hacer un intercambio de casa es actualmente una práctica muy habitual. Mira este anuncio.**

3.1.1. **Estas personas piden un intercambio de casa. Lee sus mensajes y completa los anuncios que tienes debajo.**

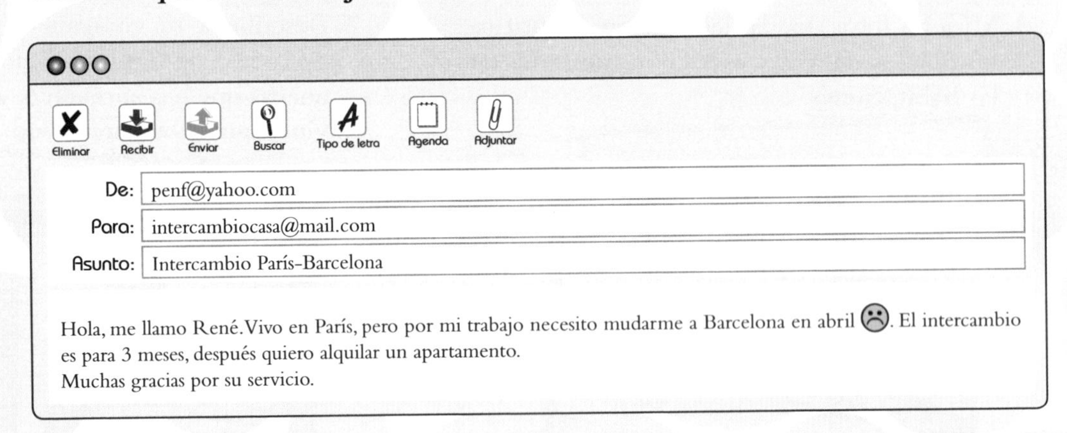

Eliminar Recibir Enviar Buscar Tipo de letra Agenda Adjuntar

De: penf@yahoo.com

Para: intercambiocasa@mail.com

Asunto: Intercambio París-Barcelona

Hola, me llamo René. Vivo en París, pero por mi trabajo necesito mudarme a Barcelona en abril ☹. El intercambio es para 3 meses, después quiero alquilar un apartamento.
Muchas gracias por su servicio.

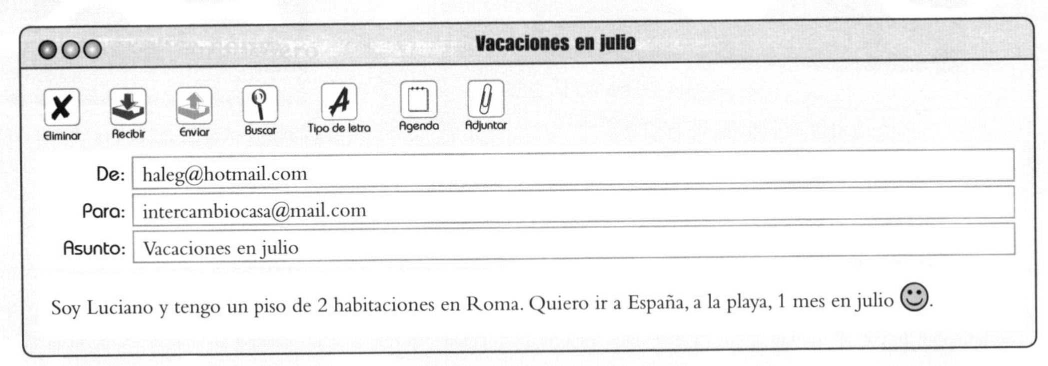

Vacaciones en julio

Eliminar Recibir Enviar Buscar Tipo de letra Agenda Adjuntar

De: haleg@hotmail.com

Para: intercambiocasa@mail.com

Asunto: Vacaciones en julio

Soy Luciano y tengo un piso de 2 habitaciones en Roma. Quiero ir a España, a la playa, 1 mes en julio ☺.

Intercambiocasa.com

http://www.intercambiocasa.com

intercambiocasa.com

ANUNCIOS - AGENCIAS - PARTICULARES

Anuncio 1

Intercambio un piso en (a) ....
por un apartamento en (b) ....
Fechas: de (c) .... a (d) ....
Más información, e-mail contacto:
(e) ....

Anuncio 2

Intercambio un piso en (a) ....
por un apartamento en la playa en (b) ....
Fechas: de (c) .... a (d) ....
Más información, e-mail contacto:
(e) ....

3.2. ¿Qué representan este tipo de símbolos en los correos anteriores? Con la ayuda de tu profesor relaciona los siguientes emoticonos con lo que expresan.

3.3. Completa los espacios en blanco del siguiente cuadro gramatical.

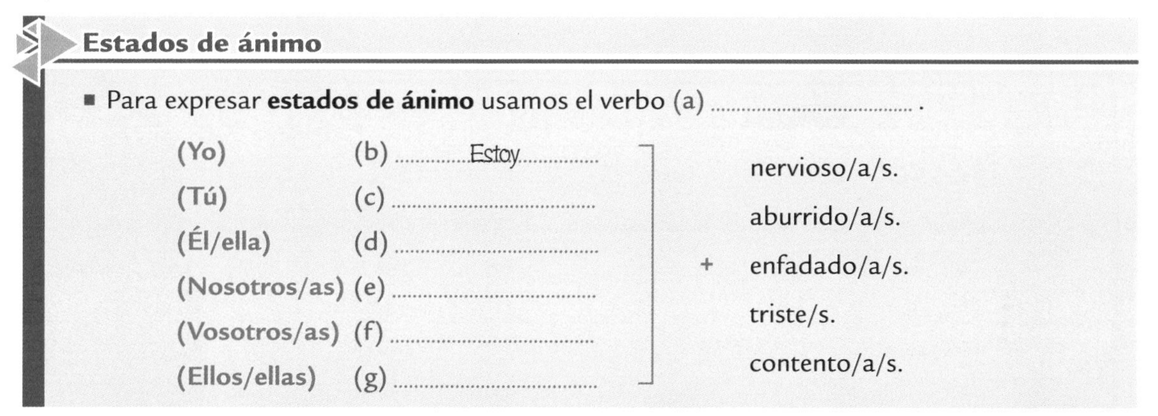

Estados de ánimo

- Para expresar **estados de ánimo** usamos el verbo (a) ....

(Yo)	(b) ....Estoy..........	+	nervioso/a/s.
(Tú)	(c)		aburrido/a/s.
(Él/ella)	(d)		enfadado/a/s.
(Nosotros/as)	(e)		triste/s.
(Vosotros/as)	(f)		contento/a/s.
(Ellos/ellas)	(g)		

3.4. Podemos saber el estado de ánimo de una persona por la entonación, los gestos, la situación.

3.4.1. [11] **Vas a escuchar seis situaciones diferentes: cada una muestra un estado de ánimo. En el momento en que sepas el estado de ánimo, dilo. Es una competición.**

3.5. Mira ahora el siguiente anuncio: ¿sabes qué es una casa domótica?

3.5.1. [12] **Para saber cómo funciona el mando a distancia, escucha la grabación, observa las imágenes del mando y escribe cómo se dice en español el estado físico para activar el robot.**

[1] .... [4] ....

[2] .... [5] ....

[3] .... [6] ....

3.6. **Completa los espacios en blanco del siguiente cuadro gramatical.**

Estados físicos

- Para expresar **estados físicos** usamos el verbo (a) ....

(Yo)	(b) ....Tengo....	+	frío.
(Tú)	(c)		calor.
(Él/ella)	(d)		sed.
(Nosotros/as)	(e)		hambre.
(Vosotros/as)	(f)		miedo.
(Ellos/ellas)	(g)		sueño.

3.7. **Pictionary. Para terminar, vamos a hacer un juego con el vocabulario de los estados de ánimo y físicos. Tu profesor te explica cómo.**

4 Recordar

4.1. **Hasta hoy he aprendido...**

[1] Frases para presentarme. Por ejemplo: ....

[2] Frases para comunicarme en clase. Por ejemplo: ....

[3] Frases para describir a una persona. Por ejemplo: ....

[4] Frases para preguntar por una dirección o un establecimiento. Por ejemplo: ....

....

[5] Frases para describir una casa. Por ejemplo: ....

[6] Frases para describir cómo estoy y qué me pasa. Por ejemplo: ....

....

[7] Vocabulario de profesiones: ....

[8] Países y nacionalidades: ....

Unidad 4

Cosas para repasar (1)

Tareas:
- Conocer a nuevos compañeros por Internet.
- Buscar barrio y casa en España a una nueva compañera.
- Realizar un test de autoevaluación o examen final.

Contenidos funcionales:
- Repaso de los contenidos funcionales, lingüísticos y léxicos de este nivel de Etapas Plus.

1 Presenta a un compañero nuevo

1.1. **Mira las imágenes de las siguientes personas. ¿A quién te gustaría conocer?**

1

2

3

4

5

1.1.1. **Completa la actividad que te va a dar tu profesor para recordar el vocabulario que necesitas y poder pedir información sobre vuestro personaje elegido.**

1.1.2. **Pide a tu profesor información sobre vuestro personaje de 1.1. describiendo cómo es.**

Nuestro personaje es alto y rubio, tiene...

1.1.3. **Completa la ficha del nuevo compañero con la información que tienes.**

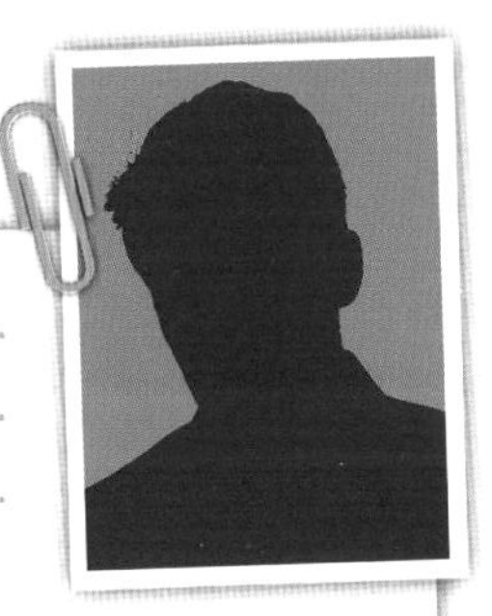

[1] **Nombre:** ....

[2] **Nacionalidad:** ....

[3] **Profesión:** ....

[4] **Edad:** ....

[5] **Domicilio:** ....

[6] **Estado civil:** ....

[7] **Lenguas:** ....

1.1.4. Pregunta a tus compañeros información sobre sus personajes y toma notas.

1.1.5. Escribe un *e-mail* a tu nuevo compañero, preséntate y dale información sobre los otros miembros.

1.2. Uno de los nuevos compañeros nos ha enviado el siguiente mensaje pero no sabemos quién es. Para adivinarlo, lee la información e identifica el esquema. Trabaja con tu compañero.

Hola.
¿Cómo estás? Yo estoy bastante contento porque mi mujer acaba de decirme que vamos a tener un hijo. Es el primero, pero quiero tener más. Mi familia es muy grande y estamos todos muy unidos. Tengo tres hermanos (dos chicos y una chica). Si es niña, se va a llamar como mi madre, Lucía, y si es chico como mi abuelo, el padre de mi padre, Juan Pablo. Mi hermano Ángel tiene también una hija, mi sobrina Andrea; tiene tres años y no tiene primos, así es que mi hijo va a ser su primer primo, o prima, claro. Mi mujer también quiere tener más niños, ella es profesora y trabaja en una escuela infantil. Ahora mismo llamo a mi padre para decírselo. Hasta luego.

ESQUEMA 1

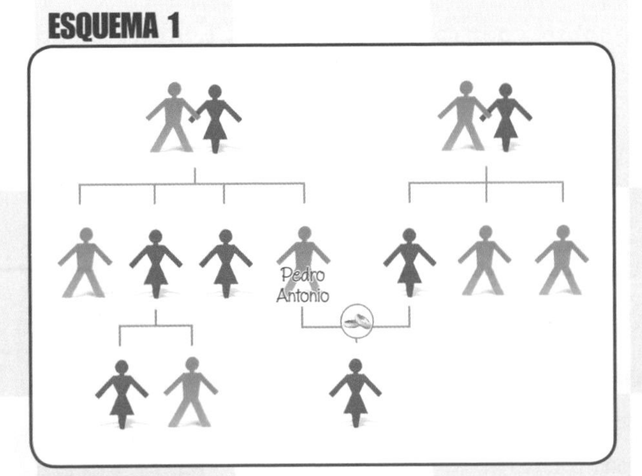

ESQUEMA 2

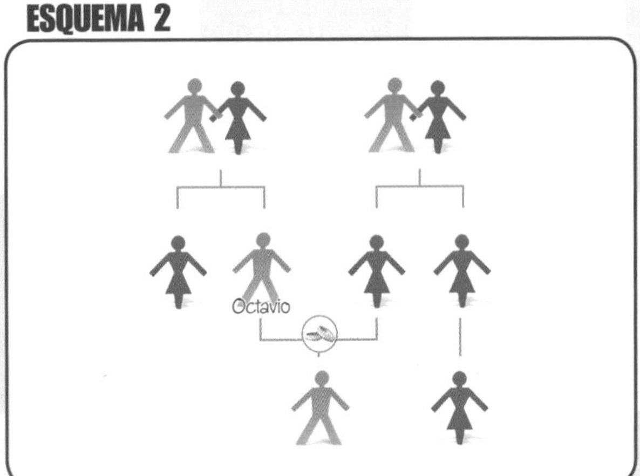

ESQUEMA 3

Marcos

ESQUEMA 4

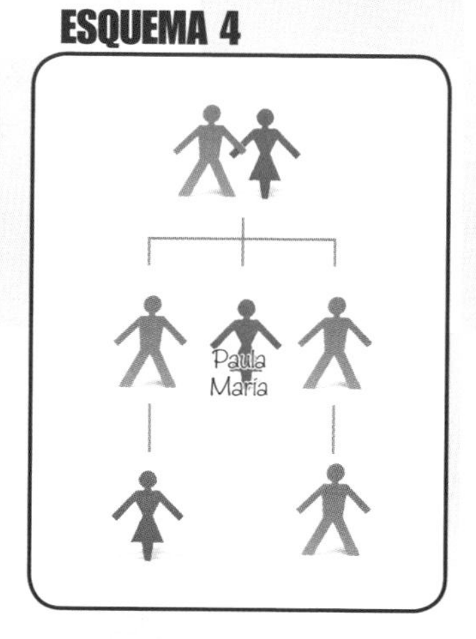

ESQUEMA 5

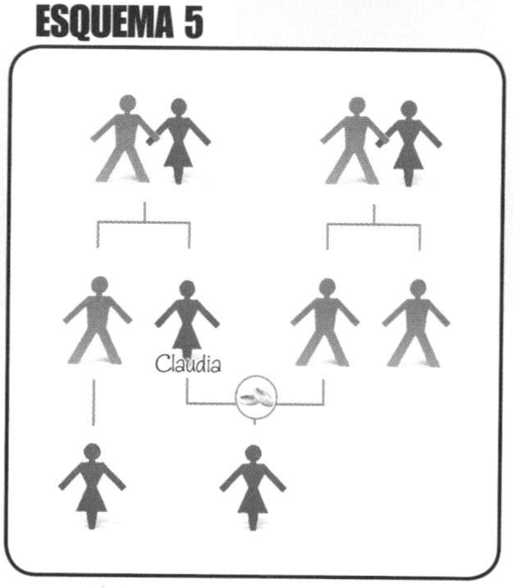

1.2.1. **Marcos amplía la información sobre su familia. En el siguiente esquema hay algunos errores. Lee el mensaje de Marcos y subraya los datos falsos.**

Bueno, ya sabes que mi mujer está embarazada, se llama Carola y tiene 32 años. Ella es también ecuatoriana. Vivimos en el Sur de Quito en el distrito de Guaraní; es el barrio de toda la familia. Ángel es el mayor de los hermanos y él y José Alberto trabajan juntos en una empresa familiar de transportes, junto con mi padre. La más pequeña es Isabel, trabaja conmigo en el supermercado, es también dependienta y tiene 35 años. Como ves, los cuatro hijos tenemos una diferencia de un año entre nosotros. Esto es muy normal en la época de mis padres. Mi padre, Ramiro, tiene 59 años y mi madre, 56. Ella es ama de casa. Y eso es todo lo que os puedo contar, que somos una familia muy unida.

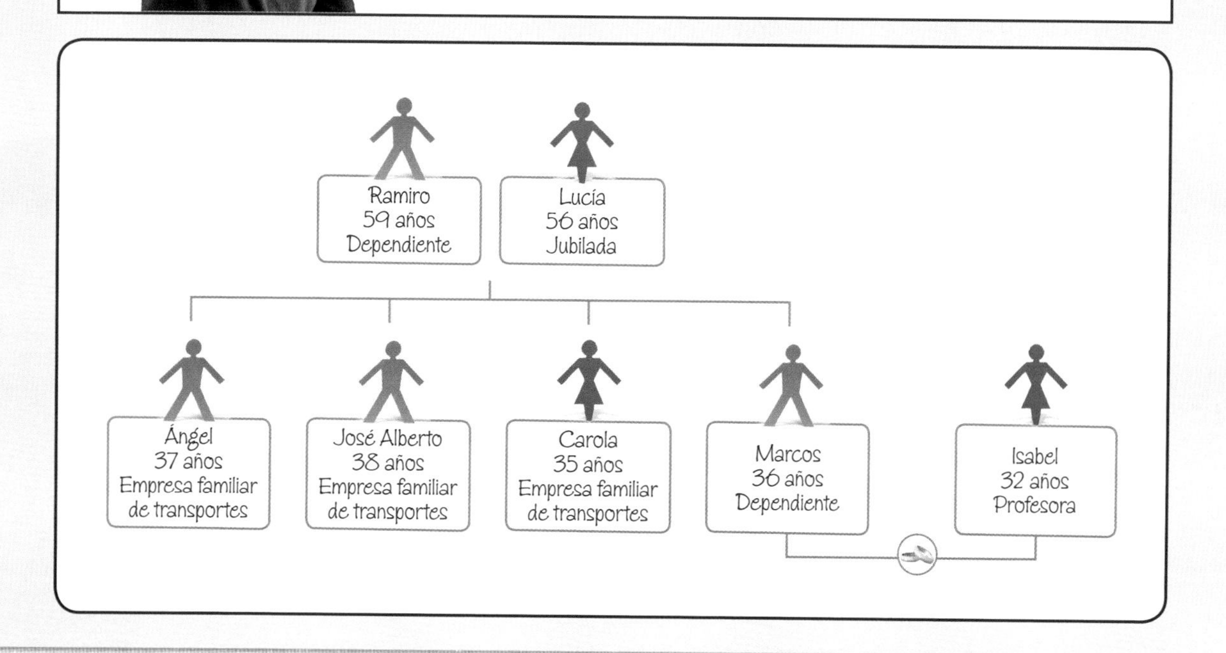

1.3. [13] **Marta llama a Samuel para darle información sobre algunos familiares de los nuevos compañeros. Escucha y escribe en los espacios en blanco los miembros de los que habla.**

Pedro Antonio

- mujer → ....
- .... → ....

Octavio

- .... → ....
- .... → ....

Paula María

- .... → ....
- .... → ....

Claudia

- .... → ....
- .... → ....

1.3.1. [13] **Vuelve a escuchar la grabación anterior y escribe en 1.3. la información que nos da Marta sobre los miembros de la familia de los nuevos compañeros.**

2 Claudia viene a España

2.1. **Claudia quiere venir a España durante tres meses. Necesita una tarjeta de residencia. Vamos a ayudarla a completar la solicitud. Lee la información que te muestra tu profesor y completa los datos que sabemos de ella. Trabaja con tu compañero.**

ADMINISTRACIÓN GENERAL DEL ESTADO

EXTRANJEROS

Solicitud de Tarjeta de Identidad de Extranjero
(L.O. 4/2000 y Reglamento aprobado por R.D. 2393(2004)

Espacios para sellos de registro

N.I.E. ______ N.º PASAPORTE ______

1) DATOS PERSONALES DEL EXTRANJERO

1.ER Apellido ______ 2.º Apellido ______
Nombre ______ Fecha de nacimiento ______
Lugar de nacimiento ______ Sexo H M Estado civil S C V D Sp
País de nacimiento ______ País de nacionalidad ______
Nombre del padre ______ Nombre de la madre ______
Domicilio en país de origen C./Pl. ______ N.º ______ Piso ______
Tel. ______ Localidad ______ C.P. ______ Provincia ______

2) TIPO DE TARJETA QUE SOLICITA

AUT. RESIDENCIA TEMPORAL 1.ª RENOVACIÓN

3) DOMICILIO A EFECTOS DE NOTIFICACIONES

C./Pl. ______ N.º ______ Piso ______
Localidad ______ C.P. ______ Provincia ______

SI ☐ NO ☐ Consiento la comprobación de mis datos de identidad y domicilio a través del Sistema de Verificación de Datos de Identidad y Residencia.
(En caso de no consentir, deberá aportar fotocopia compulsada de la documentación requerible)

.... de .... de ....
Firma del solicitante

2.1.1. Corrige la información anterior con el documento del NIE de Claudia que te va a dar tu profesor.

2.2. Claudia necesita un domicilio en España. Vamos a buscarle casa. Habla con tu compañero: ¿qué establecimientos piensas que son necesarios cerca de tu casa? ¿Qué muebles mínimos crees que tiene que haber en una casa?

Establecimientos necesarios

Muebles necesarios

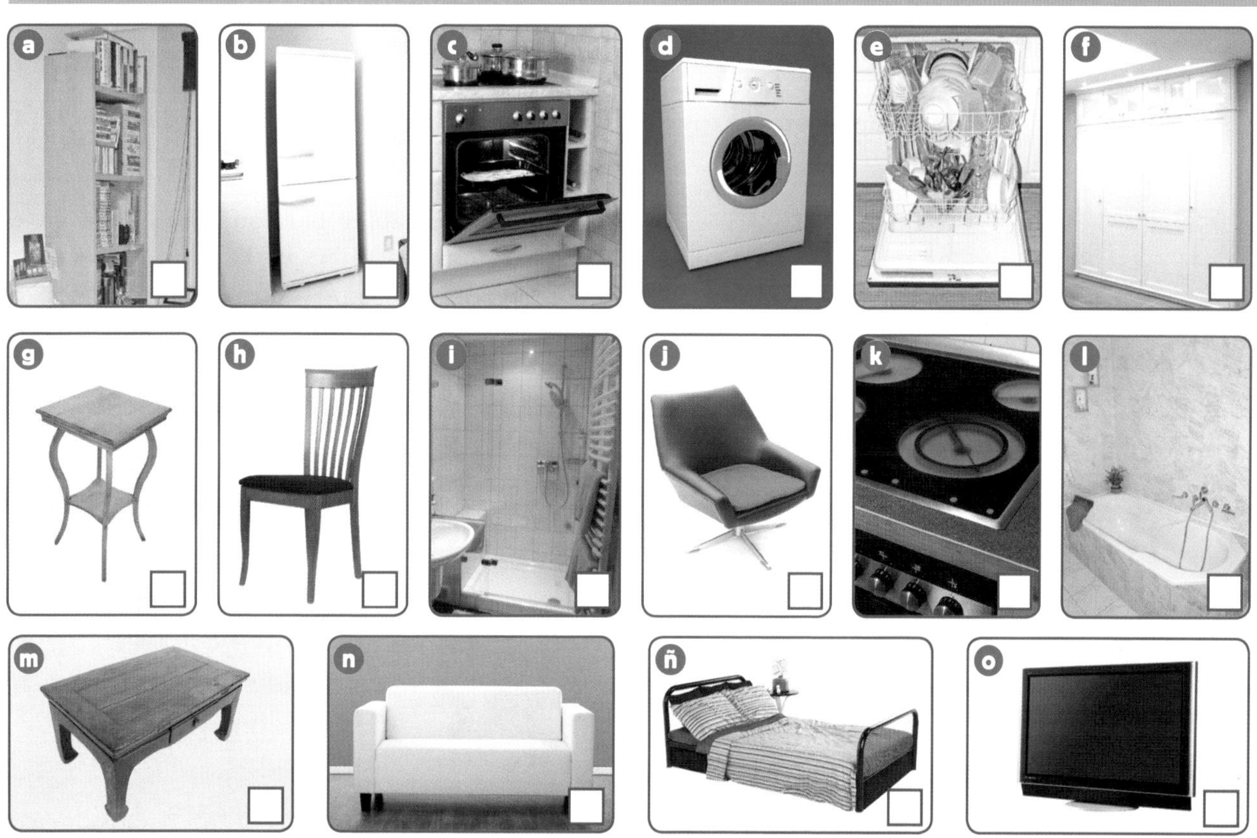

2.2.1. **Para buscar casa a Claudia, necesitamos conocer estos datos. Escribe las preguntas que necesitas hacer a Claudia.**

Precio máximo	Tamaño mínimo	Habitaciones	Baños	Otros
indiferente	indiferente	indiferente	indiferente	garaje
450€/mes	entre 40 y 50 m^2	1 ó 2	1	amueblado
600€/mes	entre 50 y 60 m^2	entre 2 y 4	2	cocina completa
750€/mes	entre 70 y 80 m^2	más de 4	más de 2	terraza
900€/mes	entre 80 y 90 m^2			ascensor
más de 1000€/mes	más de 100 m^2			piscina
				aire acondicionado
				calefacción
				armarios

....

....

....

....

2.2.2. **Mira el siguiente plano: es el barrio donde va a vivir Claudia. Escríbele un *e-mail* describiendo dónde está el piso, qué establecimientos hay cerca, etc.**

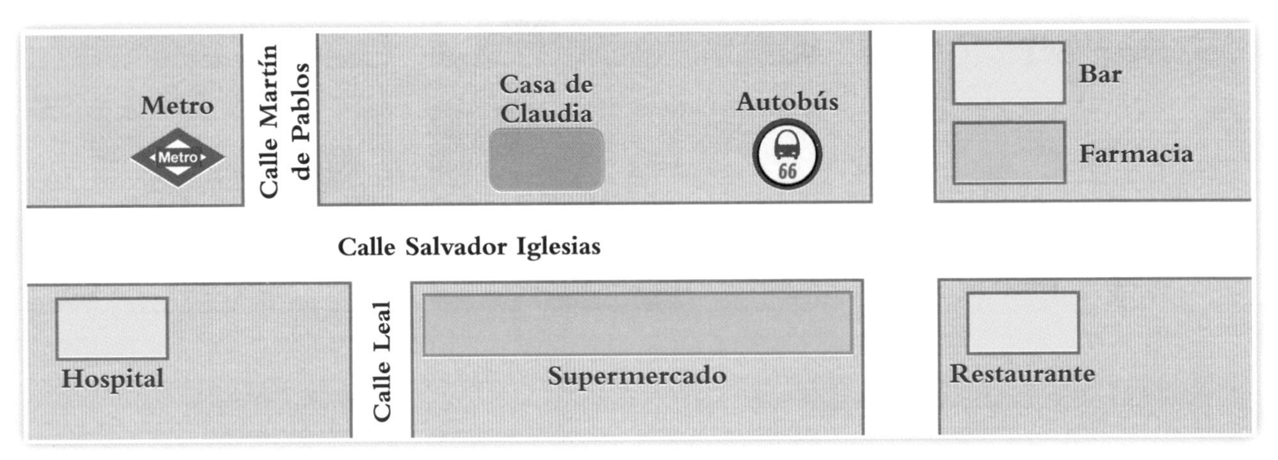

2.2.3. **¿Y tú? ¿Cómo quieres tu casa? Habla con tus compañeros. Utiliza los datos de 2.2.1.**

2.3. **Vamos a ayudar a Claudia a comprar algunos muebles para su casa. Mira en el catálogo los muebles que ha marcado con un círculo, fíjate en la hoja de pedido y completa la actividad 2.3.1.**

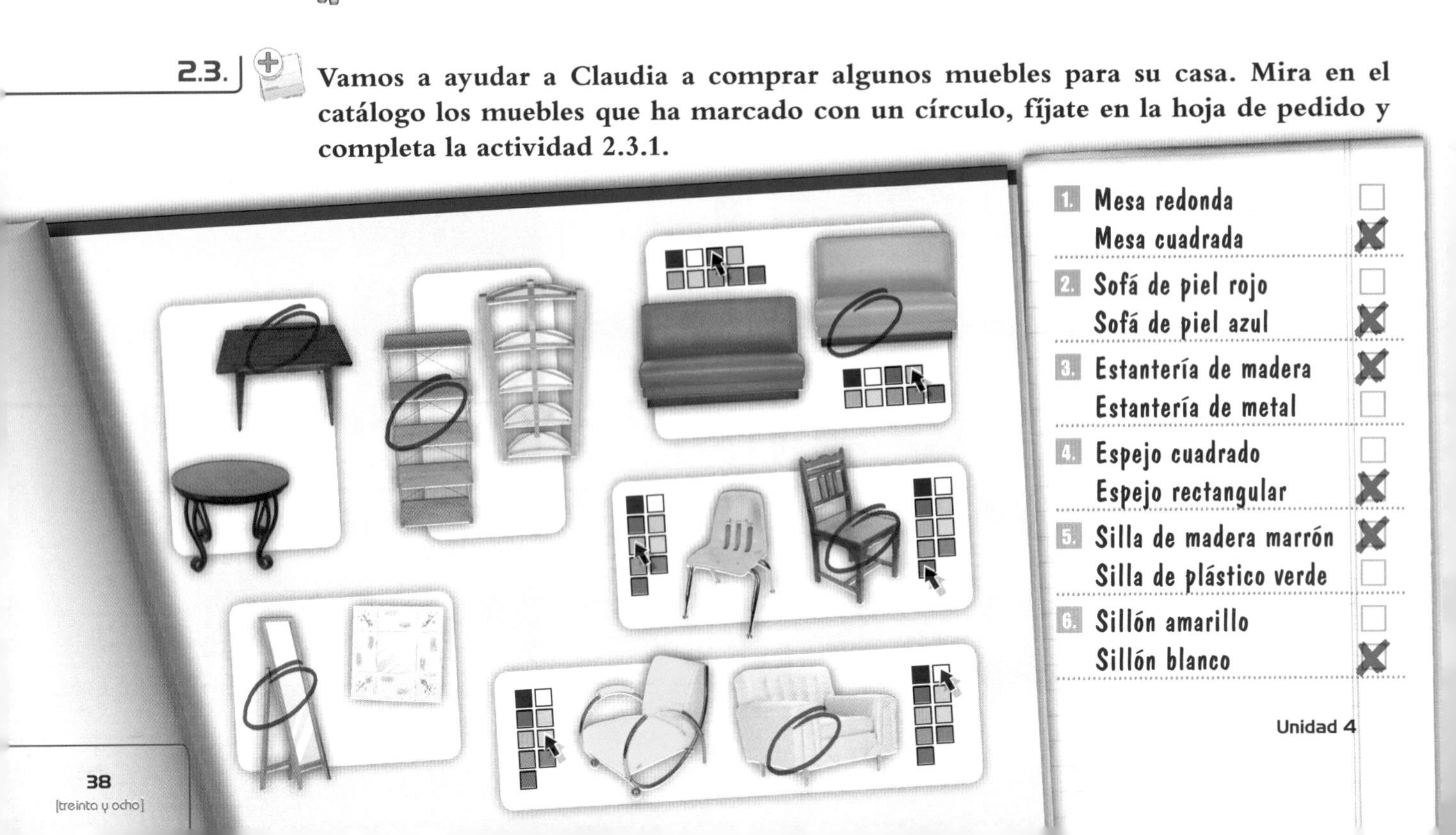

2.3.1. Fíjate en las imágenes y completa los espacios en blanco.

Describir muebles y objetos

Formas	Materiales		Colores	
Es	Es de		Es	
1.	1. Es de piel	2.	1.	2. ....
2.	3.	4.	3.	4. ....
3.			5.	6. ....

3 Para terminar: test de evaluación

3.1. ¿Dónde están los siguientes objetos? Mira la imagen y elige la opción correcta.

	Verdadero	Falso
1. El bolígrafo está encima de la mesa.	☐	☐
2. La carpeta está encima de la mesa, a la izquierda del bolígrafo.	☐	☐
3. Los folios están en la carpeta.	☐	☐
4. La cartera está encima de la estantería.	☐	☐
5. El bolso está debajo de la silla.	☐	☐

6. El cuaderno está
   - ☐ **a.** a la izquierda del flexo.
   - ☐ **b.** debajo de la mesa.
   - ☐ **c.** a la derecha del flexo.

7. Las llaves están
   - ☐ **a.** encima de la silla.
   - ☐ **b.** encima de la mesa.
   - ☐ **c.** al lado de la cartera.

8. La agenda está
   - ☐ **a.** encima de la mesa.
   - ☐ **b.** en el bolso.
   - ☐ **c.** al lado del bolso.

3.2. Pregunta dónde están los siguientes establecimientos. Completa los espacios con *hay* o *está*.

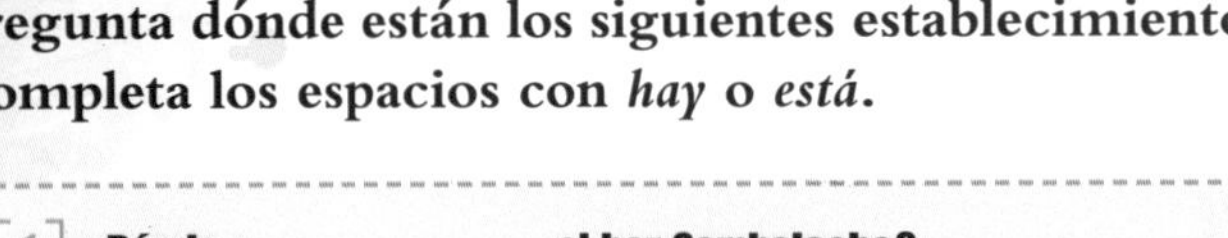

[1] ¿Dónde .... el bar Cambalache?

[2] ¿Dónde .... una perfumería?

[3] ¿Dónde .... un restaurante?

[4] ¿Dónde .... el supermercado "Ahorra mucho"?

[5] ¿Dónde .... el Hospital Clínico?

[6] ¿Dónde .... una zapatería?

3.2.1. [14] Escucha las respuestas a las anteriores preguntas y sitúa los establecimientos en el plano.

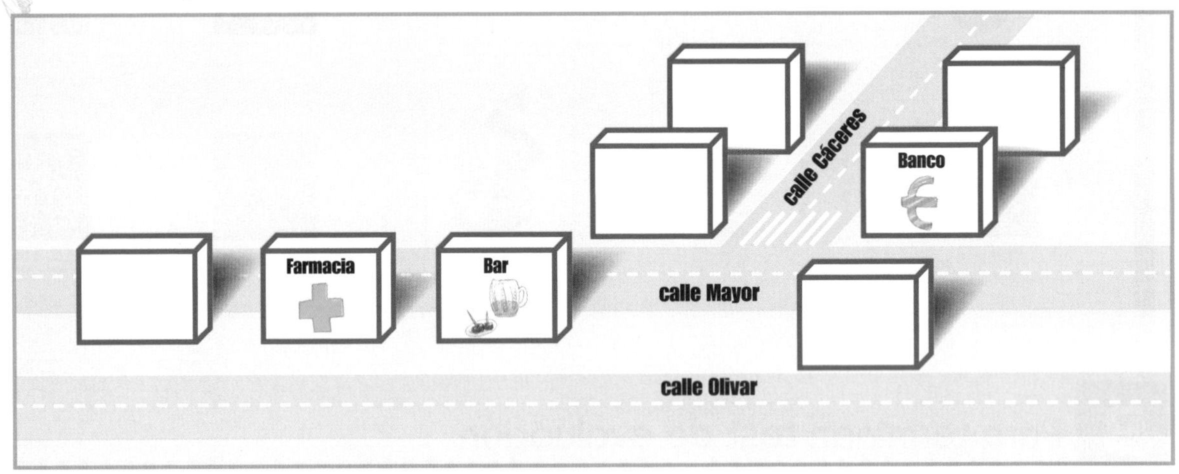

3.3. Escribe sobre tu compañero de la derecha. Cuenta información personal y describe cómo es físicamente.

Se llama...

3.4. Lee la siguiente publicidad de una escuela que cierra definitivamente y marca en la imagen los objetos que vende.

La escuela de español Aprendebien cierra sus puertas y pone a la venta los siguientes objetos:

- 101 sillas (20€/unidad)
- 101 mesas (25€/unidad)
- 10 pizarras (42€/unidad)
- 235 carpetas (3€/unidad)
- 43 paquetes de folios (2€/unidad)
- 150 cajas de bolígrafos (1€/unidad)
- 35 diccionarios (8€/unidad)
- 67 papeleras (5€/unidad)
- 92 cajas de rotuladores (2€/unidad)

Consultar ofertas en aprendebien@español.es

3.4.1. Completa el siguiente pedido.

Escuela de español
EEA
Aprendebien

Calle Martínez Soria, 137
28045 - Madrid
Tel. 91 343 52 47 - Fax. 91 245 89 02
aprendebien@español.es
www.aprendebien.com

☐ Pedido Número: ....
☐ Presupuesto Fecha: ....
HOJA DE PEDIDO
ENVÍO POR FAX: 91 245 89 02

Nombre: ....
Domicilio: ....
e-mail: ....

Cantidad en letras	Descripción/concepto	Precio en letras
1. tres	sillas	sesenta euros
2. tres	mesas	.... euros
3. una	pizarra	.... euros
4. doce	carpetas	.... euros
5. trece	paquetes de folios	.... euros
6. quince	cajas de bolígrafos	.... euros
7. dos	diccionarios	.... euros
8. tres	papeleras	.... euros
9. dieciocho	cajas de rotuladores	.... euros

Forma de pago: REEMBOLSO ☐ TRANSFERENCIA ☐

3.5. Mira las imágenes y escribe el estado de ánimo o físico correspondiente.

1. Tener frío

2. ....

3. ....

4. ....

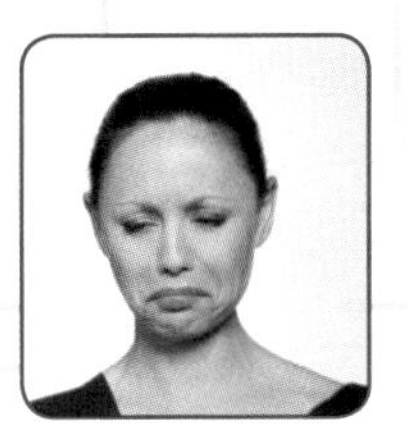

5. ....

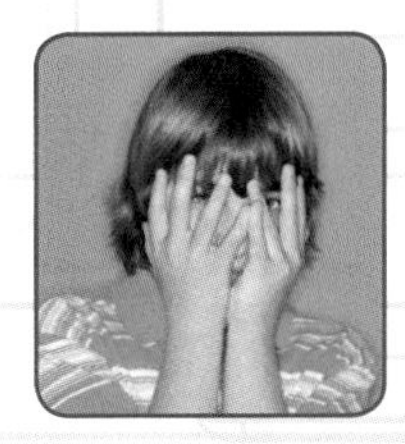

6. ....

7. ....

8. ....

Resumen lingüístico-gramatical

1 Presentaciones

1.1. Para preguntar y dar información personal

	Segunda y primera persona		Tercera persona	
Nombre	¿Cómo **te llamas**?	**Me llamo** *Julio.*	¿Cómo **se llama** *tu madre?*	*(Mi madre)* **Se llama** *Marisa.*
Edad	¿Cuántos años **tienes**?	**Tengo** *35 años.*	¿Cuántos años **tiene** *tu hermana?*	*(Mi hermana)* **Tiene** *30 años.*
Nacionalidad	¿De dónde **eres**?	**Soy** *español.*	¿De dónde **es** *tu padre?*	*(Mi padre)* **Es** *español.*
Domicilio	¿Dónde **vives**?	**Vivo** *en Segovia, en la calle Cambronero, 15.*	¿Dónde **vive** *tu hermano?*	*(Mi hermano)* **Vive** en *Madrid.*
Lenguas	¿Qué lenguas **hablas**?	**Hablo** *español e inglés.*	¿Qué lenguas **habla** *Javier?*	*(Javier)* **Habla** *inglés y alemán.*
Profesión	¿A qué **te dedicas**?	**Soy** *camarero.* **Trabajo** *en una empresa de informática.*	¿A qué **se dedica** *tu hija?*	*(Mi hija)* **Es** *enfermera.*

1.2. Presente de indicativo

	Llamar(se)	Ser	Vivir	Tener
1.ª persona (yo)	me llamo	soy	vivo	tengo
2.ª persona (tú)	te llamas	eres	vives	tienes
3.ª persona (él/ella)	se llama	es	vive	tiene

- En español no es necesario utilizar: *yo, tú, él, ella.*
- Existe la forma *él* para hablar de un hombre, y la forma *ella* para hablar de una mujer, pero el verbo no cambia: es igual para hombre que para mujer.
- Hay verbos que llevan el pronombre *se*: en estos casos necesitamos siempre utilizar: *me/te/se.*

1.3. Adjetivos posesivos

	Singular (uno)	Plural (más de uno)
(Yo)	**Mi** hijo	**Mis** hijos
(Tú)	**Tu** hijo	**Tus** hijos
(Él/ella)	**Su** hijo	**Sus** hijos

- Fíjate en esta frase:
  - ***Mi*** *marido se llama Diego.* ➧ *Mi* es un adjetivo posesivo.
- Otros ejemplos:
  - ***Mis*** *padres viven en Madrid.*
  - *¿Cómo se llama* ***tu*** *padre?*
  - *¿Cómo se llaman* ***tus*** *hijos?*
  - ***El hijo de Yanina*** *tiene 10 años.* = ***Su*** *hijo tiene 10 años.*

2 Alfabeto

2.1. El alfabeto

A/a a	**B/b** be	**C/c** ce	**CH/ch** che	**D/d** de	**E/e** e	**F/f** efe	**G/g** ge	**H/h** hache	**I/i** i
J/j jota	**K/k** ka	**L/l** ele	**Ll/ll** elle	**M/m** eme	**N/n** ene	**Ñ/ñ** eñe	**O/o** o	**P/p** pe	**Q/q** cu
R/r erre	**S/s** ese	**T/t** te	**U/u** u	**V/v** uve	**W/w** uve doble	**X/x** equis	**Y/y** y griega	**Z/z** zeta	

- La *ch* y la *ll* son dígrafos (signos compuestos de dos letras).

2.2. Fonética

- La letra **c** + **a**, **o**, **u** se pronuncia /k/:
  – *__ca__lle, simpáti__co__, antipáti__co__, __cu__ñado.*
- La letra **c** + **e**, **i** se pronuncia /θ/:
  – *__ce__rrado, __ci__ne.*
- Para decir /ke/, /ki/ tenemos que escribir *que*, *qui* (la *u* no se pronuncia):
  – *__que__so, pe__que__ño, __Qui__to.*
- La letra **z** + **a**, **e**, **i**, **o**, **u** se pronuncia también /θ/:
  – *__za__pato, ri__za__do, Vene__zu__ela.*
  Pero hay muy pocas palabras en español con *ze*, *zi*.

- La letra **g** + **a**, **o**, **u** se pronuncia /g/:
  – *__ga__fas, bi__go__te, __gu__apo.*
- La letra **g** + **e**, **i** se pronuncia /x/:
  – *__ge__neroso, __Gi__ralda, __Ge__rardo.*
- Para decir /ge/, /gi/ escribimos *gue*, *gui* (la *u* no se pronuncia):
  – *__gue__rra, __gui__tarra.*
- La letra **j** + **a**, **e**, **i**, **o**, **u** se pronuncia /x/:
  – *fí__ja__te, __jo__ven, __ju__gar.*

3 Comunicarse en clase

3.1. Para preguntar por palabras y significados

- Cuando queremos saber el nombre de una palabra en español, podemos usar:
  – *¿Cómo se dice* table *en español?*
- Cuando no sabemos el significado de una palabra, podemos preguntar:
  – *¿Qué significa* mesa*?*

3.2. Para pedir ayuda al interlocutor

- ¿Puedes repetir, por favor?
- Más despacio, por favor
- Más alto, por favor

4 Describir a otras personas

4.1. Describir el físico

Ser	Tener			Llevar
alto/a ≠ bajo/a gordo/a ≠ delgado/a feo/a ≠ guapo/a joven ≠ viejo/a moreno/a castaño/a rubio/a pelirrojo/a blanco/a negro/a oriental	el pelo	largo corto rizado liso	moreno rubio castaño pelirrojo	gafas bigote barba
	los ojos	verdes marrones	azules negros	
	gafas bigote barba			

4.2. Describir el carácter

Ser
simpático/a ≠ antipático/a divertido/a ≠ aburrido/a (soso/a) abierto/a ≠ cerrado/a generoso/a ≠ tacaño/a amable complicado/a (raro/a) buena persona

4.3. Presente de indicativo

	Ser	Tener	Llevar
(Yo)	soy	tengo	llevo
(Tú)	eres	tienes	llevas
(Él/ella)	es	tiene	lleva
(Nosotros/nosotras)	somos	tenemos	llevamos
(Vosotros/vosotras)	sois	tenéis	lleváis
(Ellos/ellas)	son	tienen	llevan

4.4. El género

- En español normalmente terminan en *–o* las palabras masculinas (*simpático*, *alto*) y terminan en *–a* las palabras femeninas (*simpática*, *alta*).
- Es una regla general y hay excepciones: los adjetivos *joven*, *amable* y *oriental* tienen género invariable: se usan igual para masculino y femenino.

5 Preguntar y dar direcciones

5.1. Verbos para ubicar y localizar

Hay

- Para preguntar por un lugar cuando no sabemos si existe:
  – *¿Hay una librería en tu barrio?*
  – *¿Dónde hay una librería?*
  – *¿Hay un supermercado?*
  – *¿Dónde hay un supermercado?*

  Fíjate: el artículo que usamos es *un/una*.
- Para expresar existencia:
  – *Hay* [*un bar.* / *una librería.* / *tiendas.*]

Está

- Para preguntar por un lugar que sabemos que existe:
  – *¿Dónde está la librería?*
  – *¿Dónde está el supermercado?*

  Fíjate: el artículo que usamos es *el/la*.
- Para localizar:
  – *La librería está enfrente de la farmacia.*
  – *El bar está al lado del banco.*
  – *Madrid está en España.*

5.2. Preposiciones, locuciones y expresiones de ubicación y localización

- a la derecha
- a la izquierda
- entre... y...
- enfrente de
- todo recto
- en
- encima de
- debajo de

6 Expresar estados físicos y anímicos

6.1. Estados anímicos: estar

- nervioso/a
- aburrido/a
- enfadado/a
- triste
- contento/a

- El adjetivo *triste* tiene género invariable: se usa igual para masculino y femenino.

6.2. Estados físicos: tener

- frío
- calor
- sed
- hambre
- miedo
- sueño

7 Vocabulario

7.1. Países y nacionalidades

País	Nacionalidad	País	Nacionalidad	País	Nacionalidad
Argentina	argentino/a	Brasil	brasileño/a	Inglaterra	inglés/inglesa
México	mexicano/a	Venezuela	venezolano/a	Japón	japonés/japonesa
Uruguay	uruguayo/a	Italia	italiano/a	Canadá	canadiens**e**
Chile	chileno/a	Panamá	panameño/a	Estados Unidos	estadounidens**e**
Colombia	colombiano/a	Alemania	alemán/alemana	España	español/española

- Los adjetivos *canadiense* y *estadounidense* tienen género invariable: se usan igual para masculino y femenino.

7.2. Profesiones y ocupaciones

- camarero/a
- médico/a
- informático/a
- profesor/a
- estudiante
- fotógrafo/a
- ingeniero/a
- arquitecto/a

7.3. El aula

- silla (la)
- mesa (la)
- puerta (la)
- pizarra (la)
- libro (el)
- boli/bolígrafo (el)
- cuaderno (el)
- diccionario (el)
- lápiz/lapicero(el)
- folio (el)
- papelera (la)
- carpeta (la)
- rotulador (el)
- borrador (el)
- ventana (la)

7.4. Los números

1 uno/a
2 dos
3 tres
4 cuatro
5 cinco
6 seis
7 siete
8 ocho
9 nueve
10 diez
11 once
12 doce
13 trece
14 catorce
15 quince
16 dieciséis
17 diecisiete
18 dieciocho
19 diecinueve

20 veinte
21 veintiuno/a
22 veintidós
23 veintitrés
24 veinticuatro
25 veinticinco
26 veintiséis
27 veintisiete
28 veintiocho
29 veintinueve

30 treinta
40 cuarenta
50 cincuenta
60 sesenta
70 setenta
80 ochenta
90 noventa

y uno/a
y dos
y tres
y cuatro
y cinco
y seis
y siete
y ocho
y nueve

100 cien
101 ciento uno/a
102 ciento dos
103 ciento tres
104 ciento cuatro
105 ciento cinco
106 ciento seis
107 ciento siete
108 ciento ocho
109 ciento nueve

200 doscientos/as
300 trescientos/as
400 cuatrocientos/as
500 quinientos/as
600 seiscientos/as
700 setecientos/as
800 ochocientos/as
900 novecientos/as

1000 mil

uno/a
dos
tres
cuatro
cinco
seis
siete
ocho
nueve

- El número 1 y sus compuestos (21, 31, 41...) y a partir del número 200 diferencian el género:
  - *Doscientos cuatro hombres/doscientas cuatro mujeres.*
  - *Un hombre/una mujer/Veintiún hombres/veintiuna mujeres.*

7.5. La familia

■ el padre	■ el hijo	■ el hermano	■ el sobrino	■ el abuelo	■ el nieto
■ la madre	■ la hija	■ la hermana	■ la sobrina	■ la abuela	■ la nieta
■ **los padres**	■ **los hijos**	■ **los hermanos**	■ **los sobrinos**	■ **los abuelos**	■ **los nietos**

■ el marido (=esposo)
■ la mujer (=esposa)

■ En español, para referirse al plural de *padre-madre, hijo-a, hermano-a, sobrino-a, abuelo-a, nieto-a*, se usa la forma del masculino plural: *padres, hijos, hermanos, sobrinos, abuelos, nietos.*

7.6. Tiendas y establecimientos

■ librería (la)	■ farmacia (la)	■ bar (el)	■ zapatería (la)
■ restaurante (el)	■ floristería (la)	■ supermercado (el)	■ quiosco (el)
■ banco (el)	■ hospital (el)	■ perfumería (la)	■ panadería (la)

7.7. La casa

Habitaciones	Muebles, electrodomésticos, aparatos, objetos		
■ cocina (la)	■ cama (la)	■ alfombra (la)	■ bañera (la)
■ baño (el)	■ armario (el)	■ cuadro (el)	■ ducha (la)
■ salón (el)	■ mesilla (la)	■ lavadora (la)	■ taza de váter (la)
■ comedor (el)	■ mesa (la)	■ frigorífico (el)	■ espejo (el)
■ dormitorio (el)	■ silla (la)	■ vitrocerámica (la)	■ estudio (el)
■ estudio (el)	■ sofá (el)	■ lavavajillas (el)	■ mesa de estudio (la)
	■ sillón (el)	■ microondas (el)	■ silla de estudio (la)
	■ mueble de salón (el)	■ horno (el)	■ estantería (la)
	■ televisión (la)	■ cubo de basura (el)	■ perchero (el)
	■ DVD (el)	■ lavabo (el)	■ flexo (el)

Curso de español por módulos

Libro de ejercicios

Nivel A1.1

Cosas (1)

Coordinación editorial:
Mar Menéndez

Diseño y maquetación:
Carlos Yllana

Ilustraciones:
Carlos Yllana

Fotografías:
Archivo Edinumen

Editorial Edinumen
José Celestino Mutis, 4.
28028 Madrid
Teléfono: (34) 91 308 51 42
Fax: (34) 91 319 93 09
Correo electrónico:
edinumen@edinumen.es
www.edinumen.es

Índice de contenidos

Las soluciones y transcripciones de los ejercicios puedes consultarlas en **https://eleteca.edinumen.es**

Unidad 1

Cosas del primer día

1.1. Coloca las palabras para formar las preguntas.

llamas ■ cómo ■ eres ■ lenguas
dónde ■ de ■ hablas ■ qué ■ te

1. ► ¿........................ ....?
   ▻ Me llamo Ana.
2. ► ¿........................ ....?
   ▻ Soy española.
3. ► ¿........................ ....?
   ▻ Hablo español e inglés.

vives ■ a ■ dónde
te ■ dedicas ■ qué

4. ► ¿........................ ....?
   ▻ Vivo en Madrid.
5. ► ¿........................ ....?
   ▻ Soy estudiante.

1.2. Completa estos diálogos con las palabras del cuadro.

años ■ dónde ■ 23 ■ soy
qué ■ francés ■ médico

1. ► ¿De .... eres?
   ▻ .... venezolana.
2. ► Eres ...., ¿verdad?
   ▻ Sí, trabajo en un hospital.
3. ► ¿........................ lenguas hablas?
   ▻ .... y español.
4. ► ¿Cuántos .... tienes?
   ▻ .... años.

1.3. Escucha y escribe las preguntas de las respuestas que oigas.

[15]

1. ¿..?
2. ¿..?
3. ¿..?
4. ¿..?
5. ¿..?

1.4. Relaciona las tres columnas y escribe frases.

• Soy • Trabajo • Vivo • Tengo • Hablo	de en Ø	• Suiza. • un hospital. • 18 años. • inglés y francés. • médico. • italiano.

1. ....
2. ....
3. ....
4. ....
5. ....
6. ....
7. ....

1.5. Completa las frases con el verbo correcto.

¿De dónde .... (tú)?

(Yo) .... en un restaurante.

Yo no .... Alfredo, ... Carlos.

(Tú) .... en Australia, ¿no?

Yo .... italiano, y ¿tú?

¿Cuántos años .... (tú)?

Tú .... en un hospital, ¿no?

Yo .... arquitecto.

¿Qué lenguas .... (tú)?

1.6. Escucha las siguientes letras y escribe, al lado de cada una de ellas, el número según el orden que escuchas.

[16]

A ☐	C ☐	☐
Ñ ☐	H ☐	J ☐
L ☐	B ☐	Z ☐
R ☐	E ☐	I ☐
V ☐	Q ☐	☐

1.7. Lee el nombre de las letras y escribe las palabras.

1. ce, o, ele, o, eme, be, i, a.
....
2. de, o, ese, ce, i, e, ene, te, o, ese.
....
3. pe, erre, o, efe, e, ese, o, erre, a.
....
4. ene, a, ce, i, o ene, a, ele, i de, a, de, e, ese.
....
5. e, ese, te, u, de, i, a, ene, te, e.
....
6. erre, e, ese, te, a, u, erre, a, ene, te, e.
....
7. be, o, ele, i, ge, erre, a, efe, o.
....

1.8. Deletrea estos apellidos españoles como en el ejemplo.

Hernández Llanos:
hache, e, erre, ene, a, ene, de, e, zeta / Elle, a, ene, o, ese.
....

Vargas Bryce:
....
....
....

García Márquez:
....
....
....

Jerónimo Giraldo:
....
....
....

1.9. Escribe una palabra en español que empiece por estas letras.

b	
c	
d	
f	
j	
l	
m	
n	
p	
r	
s	
v	

1.10. Busca el intruso. Marca en cada columna la palabra que no corresponde.

☐ italiano	☐ alemana	☐ Venezuela	☐ japonés
☐ uruguayo	☐ española	☐ Colombia	☐ panameña
☐ chileno	☐ italiano	☐ Inglaterra	☐ peruano
☐ inglés	☐ portuguesa	☐ brasileño	☐ español

1.11. Escribe el nombre de los países y de las nacionalidades en el siguiente mapa.

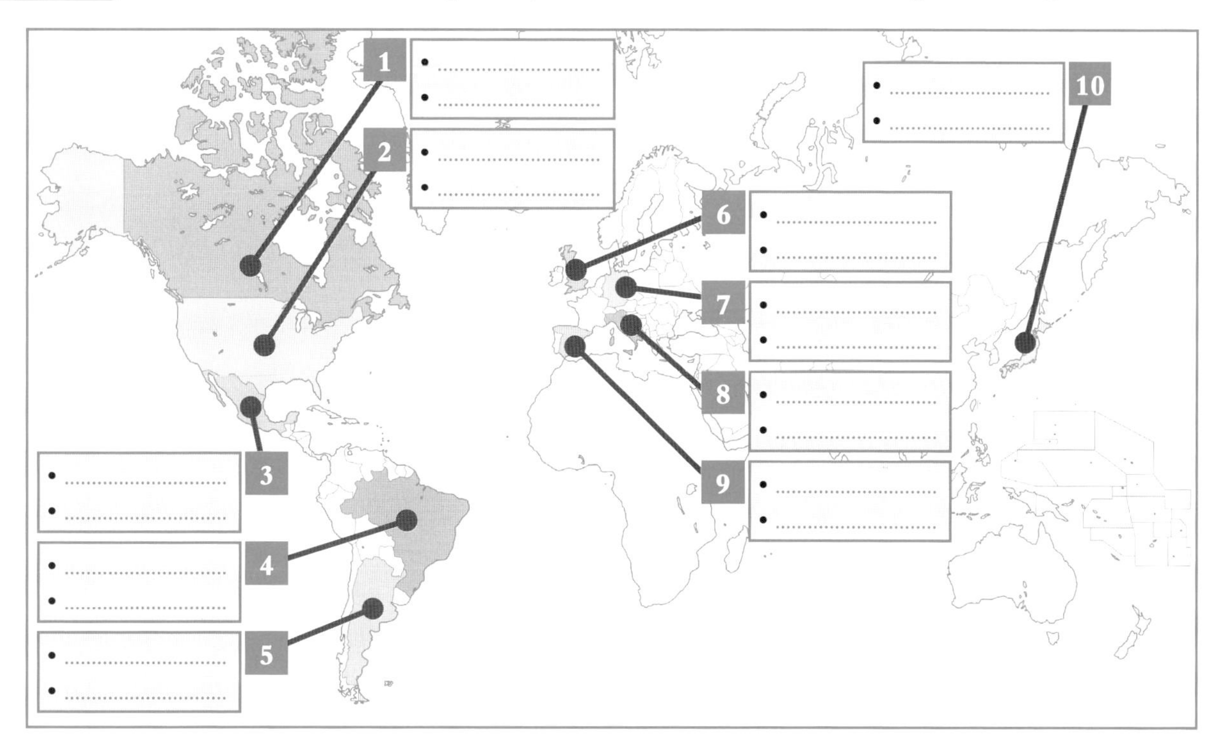

1.12. Escribe la nacionalidad de los siguientes productos.

1. La baguette: francesa
2. El flamenco: ....
3. La Coca-Cola: ....
4. El sake: ....
5. La arepa: ....
6. El mojito: ....
7. La pizza: ....
8. El fado: ....
9. El taco: ....
10. La samba: ....

1.13. Escribe debajo del dibujo el nombre de las profesiones.

1. ► ¿A qué te dedicas?
   ▷ Soy ....

2. ► ¿A qué te dedicas?
▷ Soy ....

3. ► ¿A qué te dedicas?
▷ Soy ....

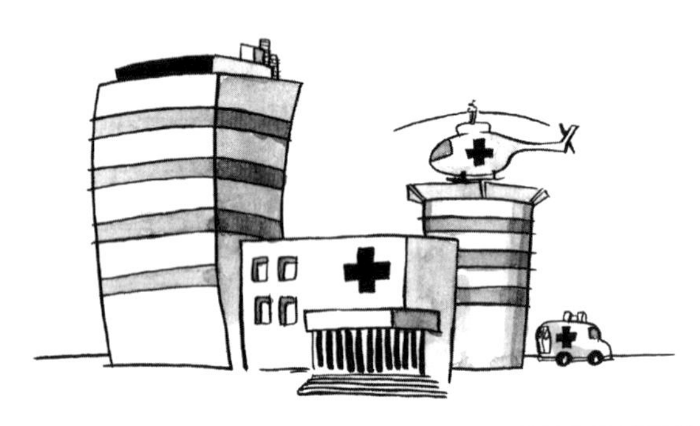

4. ► ¿A qué te dedicas?
▷ Soy ....

5. ► ¿A qué te dedicas?
▷ Soy ....

1.14. **Escribe estas palabras en la columna correspondiente, según el ejemplo.**

vivir en España | trabajo | viajar | placer | estudios | hablar con españoles | estudiar en Chile | amor, porque mi novio es argentino

¿Por qué quieres aprender español?

Por	*trabajo*
Para	*vivir en España*

1.15. **Completa los siguientes dibujos con los saludos del recuadro.**

encantado ■ hola ■ buenos días
buenas tardes ■ ¿qué tal?

2

3

4

5

1.16. Escribe la cifra que falta.

1. tres + ... = once.
2. cinco **x** cinco = ...
3. .... - cien = ochocientos.
4. sesenta + ... = ciento treinta.
5. cuatrocientos + ... = mil.
6. doscientos cuarenta **x** dos = ...
7. mil - trescientos = ...

1.17. Completa la lista con tres números más.

1. diez, veinte, treinta, ...
2. quinientos cinco, quinientos diez, quinientos quince, ...
3. cuarenta, ochenta, ciento veinte, ...
4. doscientos dos, trescientos tres, cuatrocientos cuatro, ...
5. mil, novecientos noventa, novecientos ochenta, ...

1.18. **Bingo. Escucha y marca los números que oigas en cada cartón.**

[17]

1

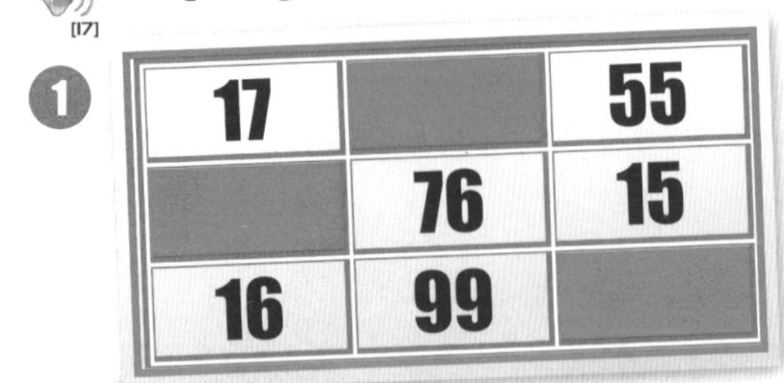

2

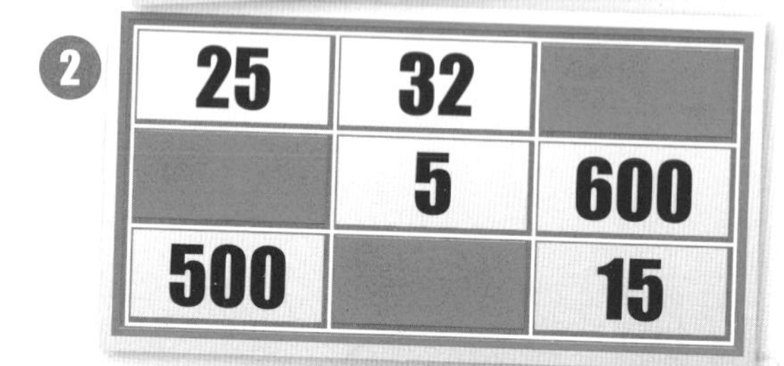

3

37		50
	27	17
26	3	

1.19. **Escribe los siguientes números.**

600 · 16 · 9 · 55 · 900 · 70 · 60 · 15 · 750 · 500

1. _ _ S E _ _ A.
2. _ U _ _ _ _.
3. _ O _ _ _ _ E _ _ _ S.
4. S _ _ _ N _ _.
5. _ E T _ _ _ _ _ _ _ _ S C _ _ C _ _ _ T _.
6. Q _ _ _ I _ _ _ _ _.
7. C _ N _ _ E _ _ _ Y _ _ _ _ O.
8. _ _ E V _.
9. _ _ I _ C _ E _ _ _ _.
10. D _ E _ _ S _ _ _.

1.20. **Con los dibujos y la información completa la tabla.**

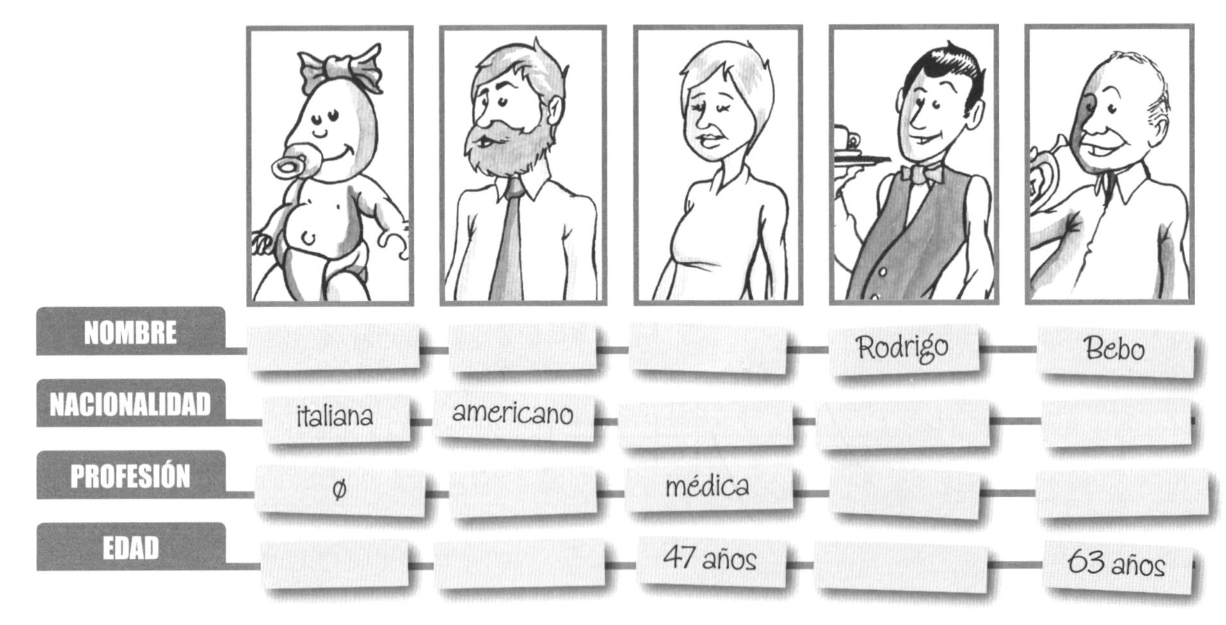

NOMBRE				Rodrigo	Bebo
NACIONALIDAD	italiana	americano			
PROFESIÓN	ø		médica		
EDAD			47 años		63 años

1. Mike es profesor de universidad.
2. Adriana tiene un año.
3. Un hombre tiene 26 años.
4. Ludmila es rusa.
5. El hombre americano tiene 39 años.
6. El camarero es argentino.
7. El músico es cubano.

1.21. **Mira las preguntas, después lee el texto y escribe las respuestas.**

1. ¿Cuántos años tiene Linda?
   ....
2. ¿De dónde es Linda?
   ....
3. ¿Dónde vive ahora?
   ....
4. ¿A qué se dedica?
   ....
5. ¿Cómo se llama la escuela de español de Linda?
   ....

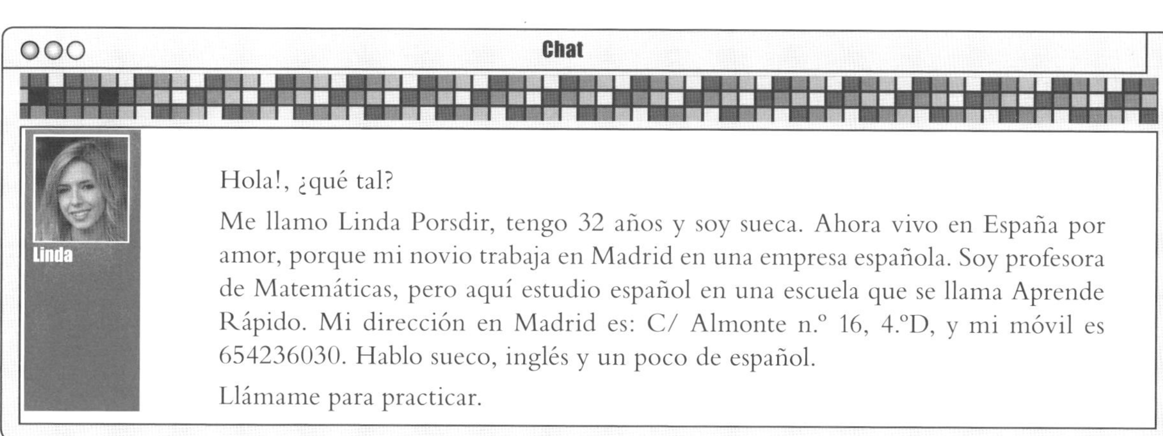

Chat

Linda

Hola!, ¿qué tal?

Me llamo Linda Porsdir, tengo 32 años y soy sueca. Ahora vivo en España por amor, porque mi novio trabaja en Madrid en una empresa española. Soy profesora de Matemáticas, pero aquí estudio español en una escuela que se llama Aprende Rápido. Mi dirección en Madrid es: C/ Almonte n.º 16, 4.ºD, y mi móvil es 654236030. Hablo sueco, inglés y un poco de español.

Llámame para practicar.

1.22. **Preséntate en el chat de español y escribe tu información personal: nombre, nacionalidad, edad, profesión, lugar de residencia (dónde vives) y lenguas que hablas.**

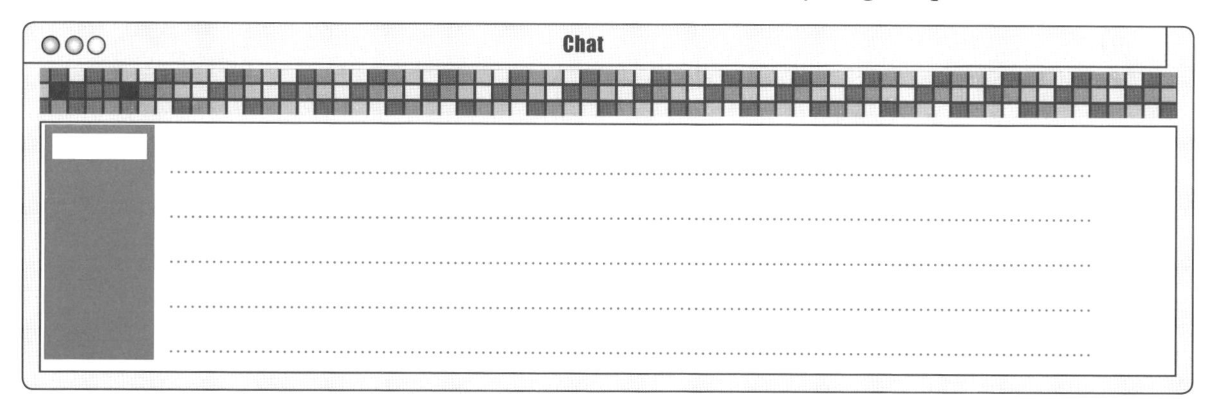

Chat

....
....
....
....
....

1.23. **Escribe las letras que faltan y completa estos objetos del aula.**

1. D _ CC _ _ _ _ _ _ _ O	**5.** _ _ P _ Z	**9.** F _ L _ _
2. _ O _ _ G _ A _ _	**6.** P _ _ A _ _ A	**10.** _ _ T _ _ _ _ OR
3. _ A _ P _ T _	**7.** _ _ P _ L _ R _	**11.** V _ N _ _ N _
4. C _ _ D _ R _ _	**8.** _ I _ _ O	**12.** _ O _ _ A _ O _

Unidad 2

Cosas de familia

2.1. **Busca nueve palabras relacionadas con la familia. Empieza en la H.**

2.2. **Completa las columnas.**

1. MASCULINO SINGULAR	2. FEMENINO SINGULAR	3. MASCULINO PLURAL	4. FEMENINO PLURAL
	tía		
sobrino			
		hermanos	
			abuelas
	mujer		
padre			
		nietos	

2.3. **Lee el texto y completa los nombres del árbol genealógico de María.**

Me llamo María y estoy soltera. Mi padre se llama Juan y mi madre Eloísa. Tengo tres hermanos: Cristina, Sergio y Enrique. Cristina está casada con Ángel. Tienen dos hijos, Lucas y Julia. La mujer de Sergio se llama Isabel. Tienen una hija, Jimena. Enrique está soltero.

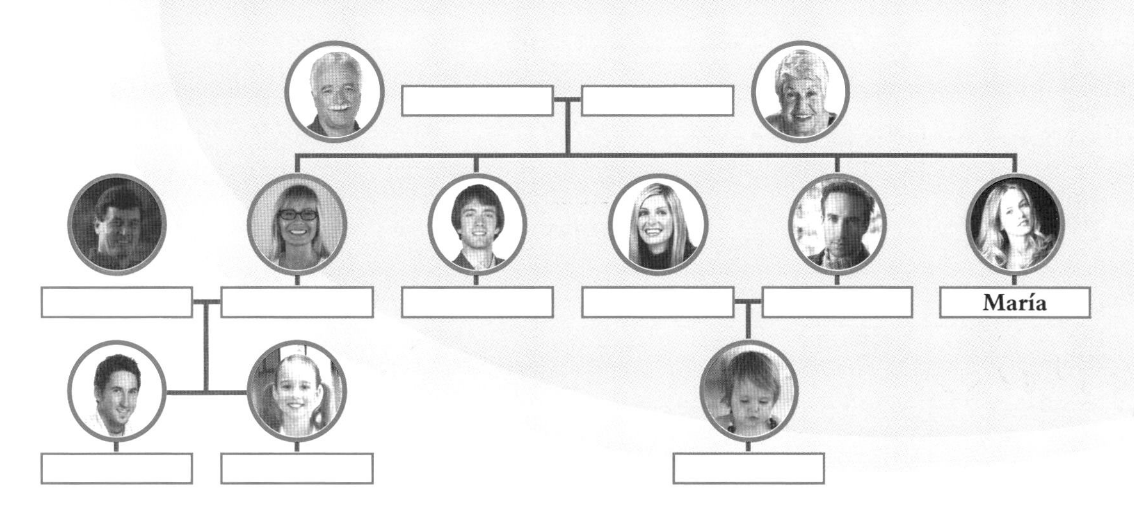

2.3.1. **Completa las siguientes frases con la información de la familia de María.**

1. Juan es el .... de Jimena.
2. Lucas es el .... de Julia.
3. María es la .... de Lucas.
4. Jimena es la .... de Eloísa.
5. Julia es la .... de Cristina.
6. Ángel es el .... de Enrique.
7. Lucas es el .... de María.
8. Isabel es la .... de Jimena.
9. Cristina es la .... de Ángel.
10. Sergio es el .... de Isabel.

2.4. **Completa las siguientes preguntas con las palabras del cuadro.**

cuántas ■ cuántos ■ dónde ■ cómo
dónde ■ cómo ■ qué ■ cuántos

1. ¿De .... eres?
2. ¿ .... años tiene tu hermano?
3. ¿ .... es tu madre?
4. ¿ .... vives?
5. ¿A .... se dedica tu padre?
6. ¿ .... lenguas hablas?
7. ¿ .... hijos tienes?
8. ¿ .... se llama tu cuñada?

2.4.1. **Relaciona estas respuestas con las preguntas anteriores.**

a. Dos: inglés y portugués. .... ☐
b. Es alta y delgada. .... ☐
c. Es profesor. .... ☐
d. 28 años. .... ☐
e. De Brasil. .... ☐
f. En Río de Janeiro. .... ☐
g. Sara. .... ☐
h. Dos. .... ☐

2.5. **Completa los datos que faltan en las columnas según la siguiente información.**

Hay dos mujeres (María y Violeta) y dos hombres (Nicolás y Juan). María tiene 54 años. La mujer que es de España tiene 30 años menos que María. Se llama Violeta. El hombre que tiene 60 años es médico. Juan es de Bolivia y tiene 30 años. La mujer argentina es profesora. El abogado no es de Perú. El médico se llama Nicolás.

	NOMBRE	PROFESIÓN	EDAD	NACIONALIDAD
1.	María			Argentina
2.			60 años	
3.		actriz		
4.				Bolivia

2.6. Elige la opción correcta.

1. .... abuelos están jubilados.
   a. mis b. mi c. su

2. ¿A qué se dedica .... padre?
   a. tus b. tu c. sus

3. .... marido es ingeniero.
   a. su b. sus c. tus

4. .... sobrina tiene dos años.
   a. mis b. sus c. mi

5. .... hijos son estudiantes.
   a. mi b. sus c. tu

6. ¿Cuántos años tienen .... padres?
   a. su b. tu c. sus

2.7. Completa con los posesivos necesarios: *mi/mis, tu/tus, su/sus.*

1. ► ¿Cómo se llama tu hijo?
   ▻ .... hijo se llama Lucas.
2. ► ¿Dónde viven .... hijos?
   ▻ Mis hijos viven en España, ... hijo en Madrid y .... hija en Toledo.
3. ► ¿Pepa, sabes cuántos años tiene el marido de Cristina?
   ▻ Sí, ... marido tiene 45 años.
4. ► ¿De dónde es .... mujer?
   ▻ Mi mujer es española.
5. ► Sergio está casado. .... mujer se llama Isabel.
6. ► Cristina y Ángel están casados. .... hijos son Lucas y Julia.
7. ► Macarena, ¿cuántos años tiene .... hermano?
   ▻ .... hermano tiene 30 años.
8. ► Juan y María nunca hablan con .... hijos de los problemas de la escuela.

2.8. Esta es la información sobre la familia de Penélope Cruz. Escribe un texto con estos datos.

- **NACIONALIDAD DE PENÉLOPE:** .... Madrid, España.
- **PROFESIÓN DE PENÉLOPE:** .... actriz.
- **EDAD DE PENÉLOPE:** .... 34 años.
- **DOMICILIO DE PENÉLOPE:** .... Los Ángeles.
- **NOMBRE DEL PADRE:** .... Eduardo Cruz.
- **NOMBRE DE LA MADRE:** .... Encarna Sánchez.
- **PROFESIÓN DEL PADRE:** .... vendedor de coches.
- **PROFESIÓN DE LA MADRE:** .... peluquera.
- **NÚMERO DE HERMANOS:** .... dos: Mónica y Eduardo.
- **PROFESIÓN DE LA HERMANA:** .... actriz y cantante.
- **PROFESIÓN DEL HERMANO:** .... cantante y músico.

Penélope es española, de Madrid. Es actriz y

2.9. **Completa estas columnas con vocabulario de descripción física.**

1.	2.	3.
alto	pelo corto	....
....	....	castaño
....	pelo liso	....
delgado	....	pelirrojo

4.	5.	6.
....	....	blanco
ojos negros	....	negro
....	gafas	....
ojos verdes		

2.9.1. **Relaciona las columnas del ejercicio anterior con los siguientes verbos.**

TENER	SER	LLEVAR

2.10. **Completa las siguientes descripciones con los verbos adecuados y la información de los dibujos.**

Mi padre se llama Jesús, **(a)** ***(ser/tener)*** .... (1) .... y (2) ...., **(b)** ***(ser/tener)*** .... los (3) .... negros, **(c)** ***(ser/tener)*** ...., (4) .... **(d)** ***(ser/tener)*** .... el pelo (5) .... Lleva (6) .... Mi madre se llama Esther, **(e)** ***(ser/tener)*** .... (7) ...., **(f)** ***(ser/tener)*** .... el pelo (8) .... y (9) .... **(g)** ***(ser/tener)*** .... los ojos verdes y **(h)** ***(ser/tener)*** .... muy guapa. Mi hermana se llama Lola, **(i)** ***(ser/tener)*** .... (10) ...., castaña y (11) ...., **(j)** ***(ser/tener)*** .... el pelo (12) .... y (13) .... y los (14) .... marrones.

2.11. **Mira los siguientes dibujos, escucha las descripciones de las siguientes personas y marca verdadero o falso, según la imagen.**

[18]

1. V ☐/F ☐

2. V ☐/F ☐

3. V ☐/F ☐

4. V ☐/F ☐

5. V ☐/F ☐

6. V ☐/F ☐

7. V ☐/F ☐

8. V ☐/F ☐

2.12. **Busca en la sopa de letras 8 adjetivos de carácter.**

R	Q	O	T	O	O	D	E	M	A
A	U	S	I	L	A	I	A	L	T
B	I	E	U	U	M	A	J	O	S
U	C	S	N	P	C	T	T	N	I
R	G	E	N	E	R	O	S	A	M
R	D	O	R	C	L	M	E	M	P
I	I	L	V	R	L	E	R	S	A
D	C	U	E	U	A	E	A	S	T
A	M	A	B	L	E	D	R	E	I
U	M	T	I	Q	U	U	O	Q	C
A	N	T	I	P	A	T	I	C	O

2.13. **Ordena las letras para formar adjetivos de descripción de carácter. La primera letra de cada uno está ordenada. Todos están en masculino.**

1. ARETIBO ≠ CORERDA
2. SOMTIPACI ≠ ANPITOCATI
3. TAÑOCA ≠ GOSENERO
4. ARBIRUDO ≠ DETIRVIDO
5. COPLAMIDACO
6. MOJA
7. ABLAME

1. .... ≠ ....
2. .... ≠ ....
3. .... ≠ ....
4. .... ≠ ....
5. ....
6. ....
7. ....

2.14. **En este cuadro hay cuatro parejas de contrarios y cinco palabras más. Escribe las parejas.**

alto/a ■ simpático/a ■ aburrido/a ■ amable ■ gordo/a ■ generoso/a ■ antipático/a moreno/a ■ abierto/a ■ tacaño/a divertido/a ■ guapo/a ■ cerrado/a

1. ....
2. ....
3. ....
4. ....

2.15. Escribe cómo es el carácter de las personas de los siguientes dibujos.

2.16. **Busca la palabra que no se corresponde en cada columna.**

bajo	barba	¿Cómo se llama?	simpático
hijo	joven	¿A qué se dedica?	abierto
abuelo	alto	¿Dónde vives?	generoso
hermano	fea	¿Cuántos años tiene?	amable

2.17. **Lee la información sobre estas personas y elige el nombre correcto.**

1. Es español, es un jugador de baloncesto. Ahora vive en Los Ángeles y es joven. Tiene un hermano que también es jugador de baloncesto. Físicamente es muy alto, moreno y ni guapo ni feo. Tiene los ojos marrones y el pelo largo y rizado. A veces lleva barba. Está soltero. Es simpático y majo.

Se llama: a. Rafa Nadal b. Pau Gasol c. Lance Armstrong

2. Es chilena, está casada y tiene tres hijos. Habla alemán, francés, portugués y, claro, español. Es rubia, tiene el pelo corto y liso y lleva gafas; sus ojos son castaños y es muy simpática y buena persona. Es la presidenta de Chile.

Se llama: a. Hillary Clinton b. Angela Merkel c. Michelle Bachelet

3. Es español, de Barcelona, pero vive en Los Ángeles. Es calvo y gordito, tiene los ojos marrones y lleva gafas y barba. Es escritor y está soltero. Es amable y generoso. Su libro más famoso es *La sombra del viento*.

Se llama: a. Carlos Ruiz Zafón b. Stephen King c. Mario Vargas Llosa

4. Es español, de Córdoba. Baila flamenco por todo el mundo y tiene su propia compañía de baile. Es bajo y delgado. Tiene el pelo negro, largo y liso, los ojos negros, es joven y muy guapo. Es muy generoso con su familia. Está soltero.

Se llama: a. Joaquín Cortés b. Camarón de la Isla c. Antonio Banderas

2.18. **Escucha la siguiente lista de palabras y marca la opción correcta.**

[19]

1. _ OTA .... g ☐ j ☐
2. _ ATO .... g ☐ j ☐
3. _ UADALAJARA .... g ☐ j ☐
4. _ AÉN .... g ☐ j ☐
5. RO _ O .... g ☐ j ☐
6. LU _ AR .... g ☐ j ☐
7. _ AMÓN .... g ☐ j ☐
8. NARAN _ A .... g ☐ j ☐
9. _ INCO .... c ☐ z ☐
10. _ APATO .... c ☐ z ☐
11. ZARAGO _ A .... c ☐ z ☐
12. CÁ _ ERES .... c ☐ z ☐
13. VALEN _ IA .... c ☐ z ☐
14. _ ERO .... c ☐ z ☐
15. FLAMEN _ O .... c ☐ z ☐
16. A _ EITE .... c ☐ z ☐

2.19. **Escucha la siguiente grabación y coloca las palabras que oigas en la columna correspondiente según su pronunciación.**

[20]

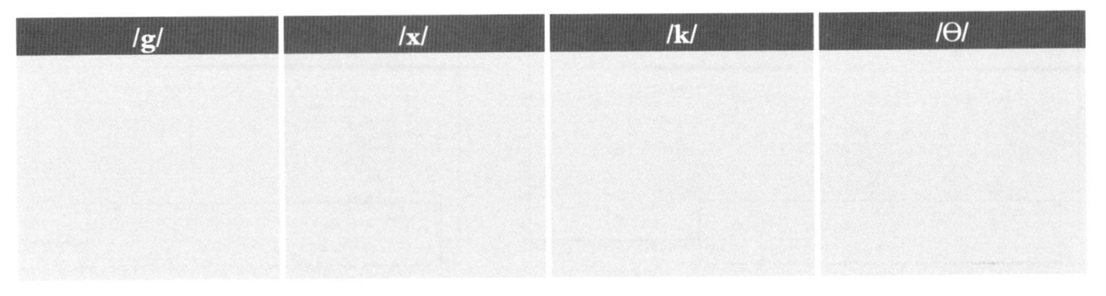

/g/	/x/	/k/	/θ/

Unidad 3

Cosas de casa

3.1. **Escribe al lado de los dibujos en qué establecimiento puedes comprar estas cosas.**

1 ....
2 ....
3 ....
4 ....
5 ....
6 ....
7 ....
8 ....
9 ....
10 ....

3.2. **Lee las frases y, con la información, completa los nombres de las personas del dibujo.**

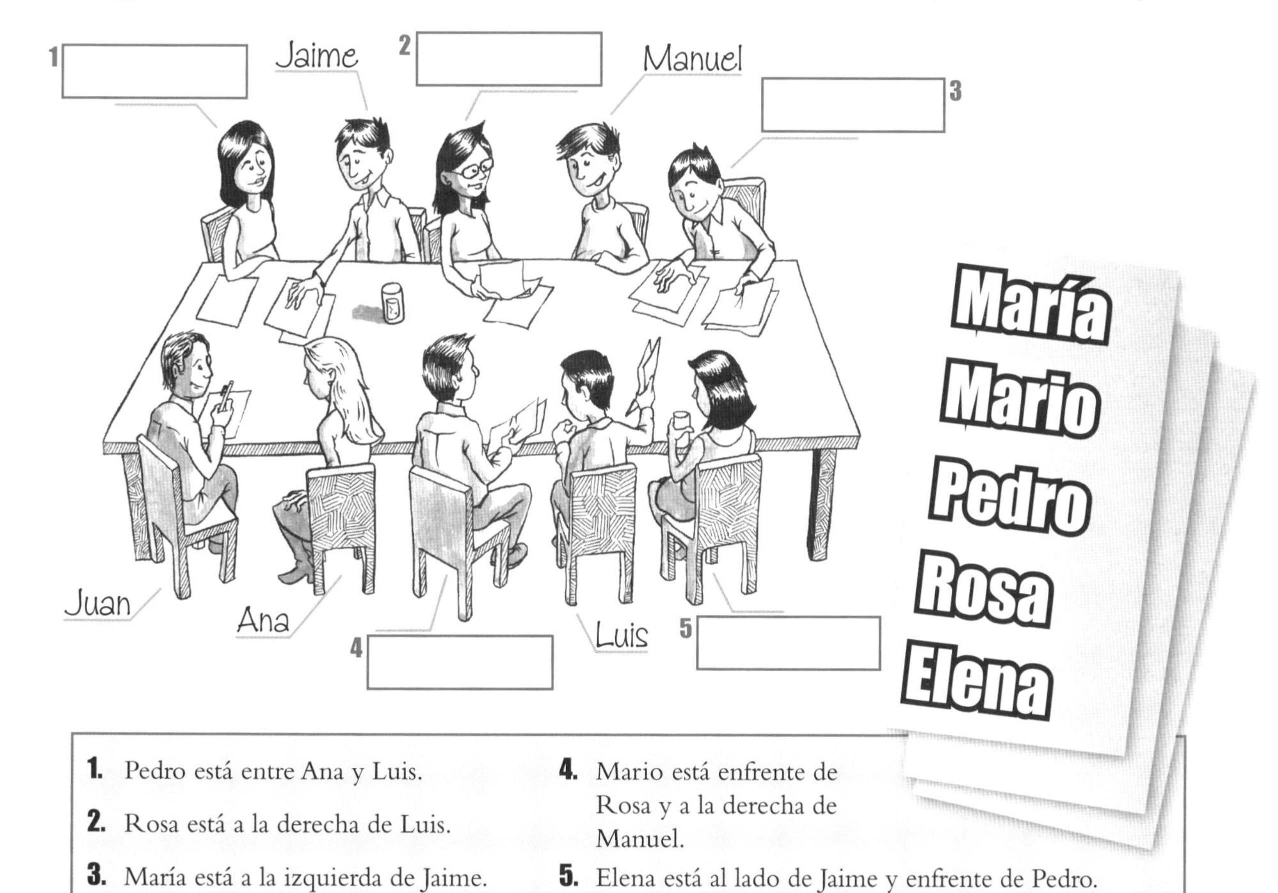

1. Pedro está entre Ana y Luis.
2. Rosa está a la derecha de Luis.
3. María está a la izquierda de Jaime.
4. Mario está enfrente de Rosa y a la derecha de Manuel.
5. Elena está al lado de Jaime y enfrente de Pedro.

3.2.1. **Con el dibujo del ejercicio anterior completa estas frases. Escribe la palabra de ubicación adecuada.**

1. Elena está .... Pedro.
2. Elena está .... Manuel.
3. Ana está .... Juan.
4. Luis está .... Manuel.
5. Jaime está .... Elena y María.
6. Manuel está .... Mario y Elena.

3.3. **Completa las siguientes frases con *hay* o *está*.**

1. .... un banco en el barrio.
2. .... enfrente de la farmacia.
3. ¿Dónde .... el restaurante Botín?
4. ¿No .... estación de autobuses aquí?
5. ¿Dónde .... un quiosco por aquí cerca?
6. El restaurante .... entre la librería y mi casa.
7. ¿ .... un mercado en tu ciudad?
8. ¿ .... una floristería cerca de aquí?
9. ¿Dónde .... el museo Reina Sofía?
10. ¿.................. muchos museos en tu ciudad?
11. ¿.................. lavadora en el apartamento?
12. La lavadora .... entre el lavavajillas y la vitrocerámica.

3.4. **Luis está en el Km 0, en la Puerta del Sol. Mira el plano y responde a sus preguntas.**

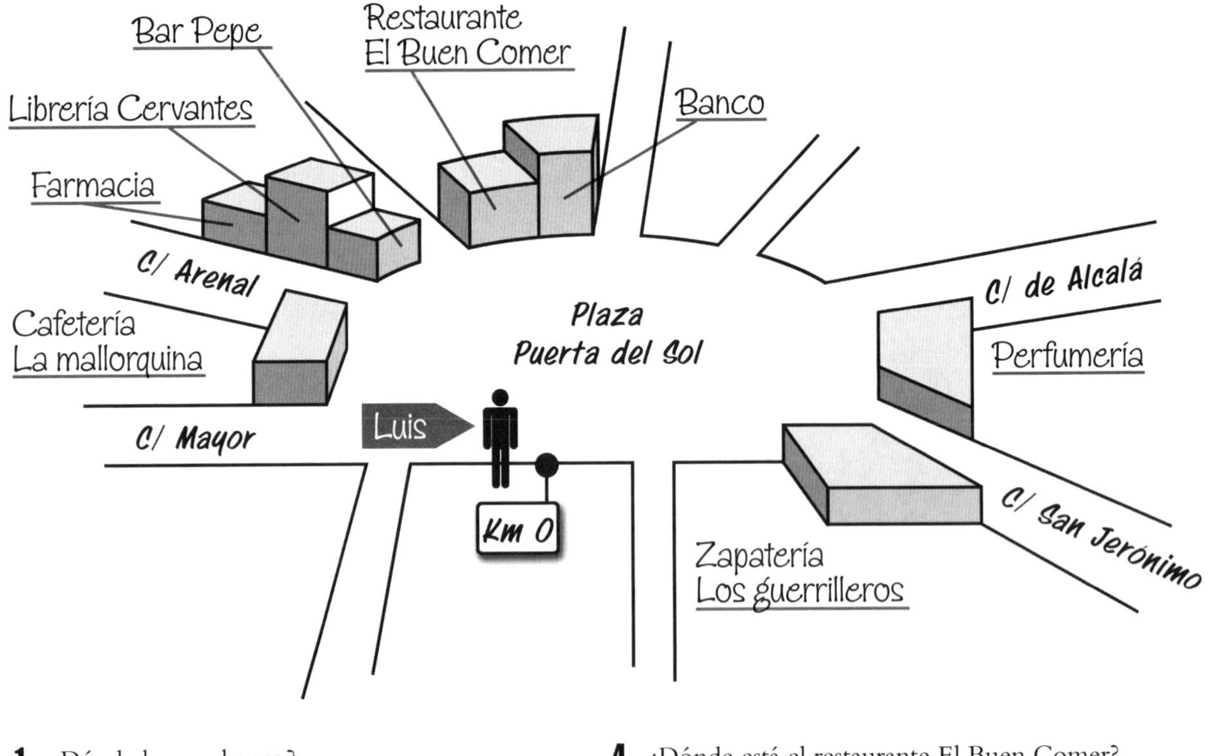

1. ¿Dónde hay un banco?

....

2. ¿Dónde está la librería Cervantes?

....

3. ¿Dónde hay una zapatería?

....

4. ¿Dónde está el restaurante El Buen Comer?

....

5. ¿Dónde hay una perfumería?

....

6. ¿Hay un supermercado por aquí?

....

3.5. Completa el esquema con el vocabulario de la casa.

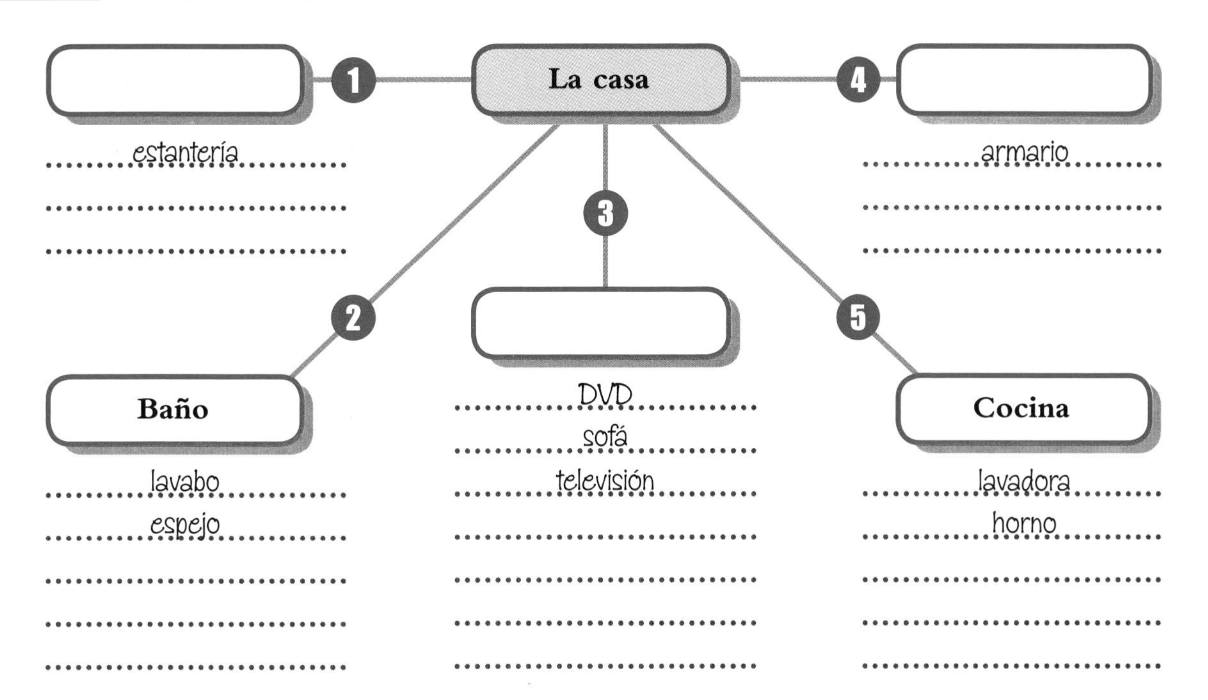

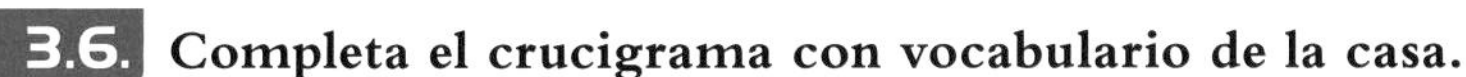

3.6. Completa el crucigrama con vocabulario de la casa.

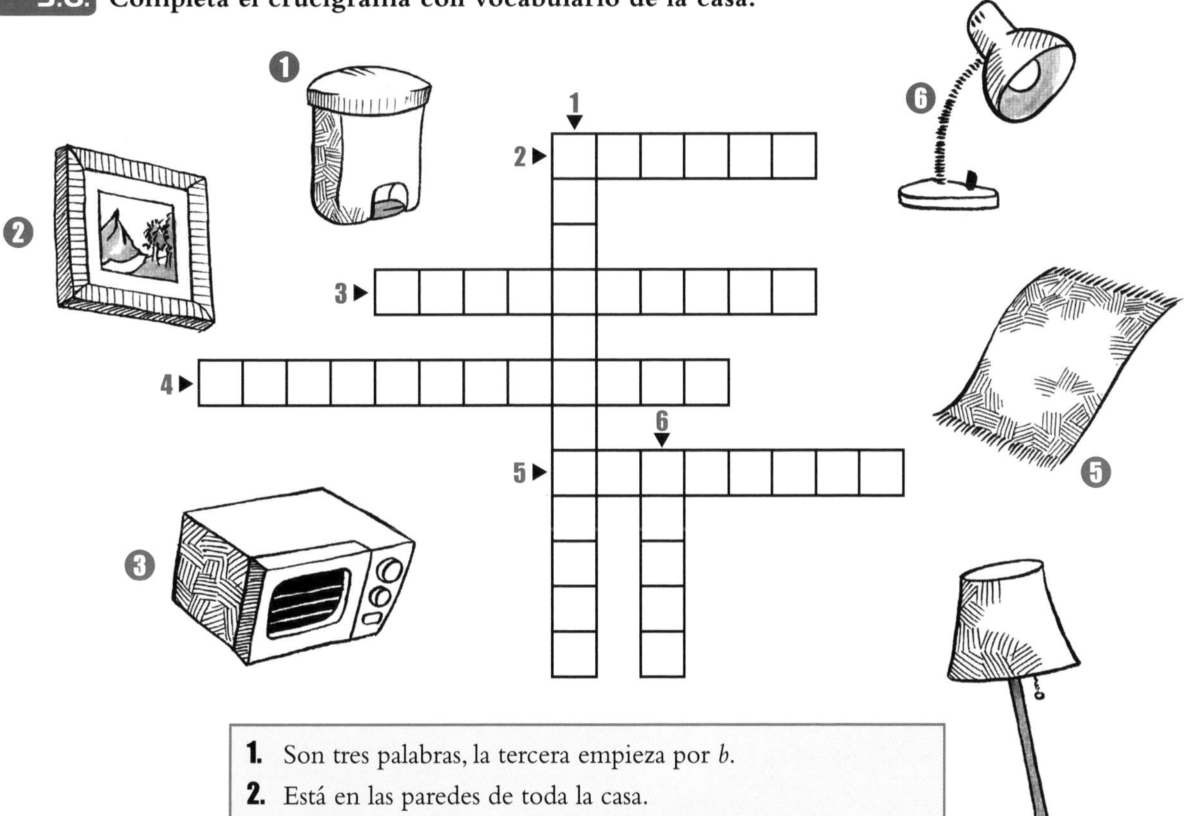

1. Son tres palabras, la tercera empieza por *b*.
2. Está en las paredes de toda la casa.
3. Empieza por *m*, está en la cocina.
4. Está en el salón, cerca del sofá. Es muy alta. Son tres palabras.
5. Está en el salón o en el dormitorio, en el suelo.
6. Normalmente hay uno en el estudio, termina en *o*.

3.7. Busca las seis diferencias y escríbelas.

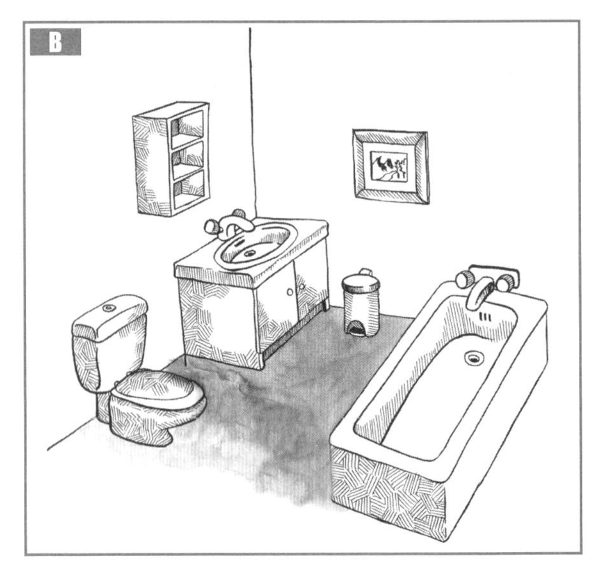

1. ....
2. ....
3. ....
4. ....
5. ....
6. ....

3.8. Escucha la descripción de este apartamento y completa el plano con los muebles y aparatos que faltan: ducha, mesilla, mesa y tres sillas, microondas.

[21]

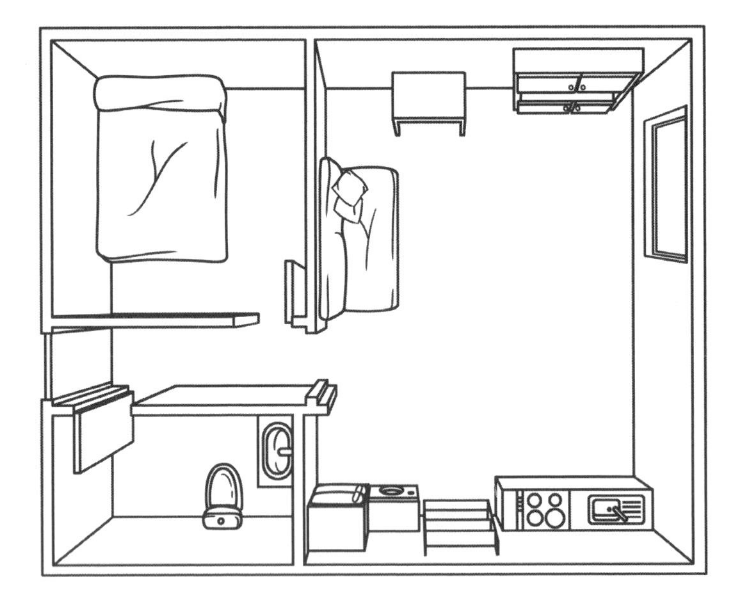

3.9. Pronunciación: en cada columna hay dos palabras que no son correctas. Identifícalas y escríbelas en la columna correspondiente. Comprueba tu respuesta con la audición.

[22]

1.	2.			3.	
microondas	mochila	bañera	farmacia	lámpara	salón
televisión	estación	horno	frigorífico	sofá	estantería
vitrocerámica	flexo	perchero		sillón	
	alfombra	váter		bar	

3.10. **Escribe debajo de cada dibujo una frase como en el ejemplo.**

1. Están nerviosos.
2. ....
3. ....
4. ....
5. ....
6. ....
7. ....
8. ....
9. ....
10. ....

3.10.1. **Separa las frases del ejercicio anterior en estados de ánimo y estados físicos.**

Estados de ánimo

Estados físicos

3.11. **Completa la tabla con el verbo o el pronombre adecuados.**

1.	Ellos		hambre.
2.		estamos	cansados.
3.	Yo		sueño.
4.	Tú		sed.
5.	Vosotros		miedo.
6.		tienen	frío.
7.		está	enfadada.
8.	Nosotras		nerviosas.
9.		tiene	calor.
10.	Ellas		contentas.

3.12. **Encuentra y marca en cada columna la palabra que no pertenece a la lista.**

cocina ○	nervioso ○	sed ○
salón ○	aburrido ○	está ○
estudio ○	ducha ○	hambre ○
debajo de ○	contento ○	frío ○
baño ○	triste ○	sueño ○

sillón ○	enfrente de ○
horno ○	al lado de ○
lavadora ○	entre ○
frigorífico ○	a la derecha de ○
vitrocerámica ○	silla de estudio ○

Unidad 4

Cosas para repasar (1)

4.1. **Completa la siguiente información con los verbos necesarios.**

(1) .... Ana. (2) .... en Segovia. (3) .... casada. Mi principal característica física es que (4) .... muy alta. Mi marido (5) .... Ángel. (6) .... profesor (7), ... en la universidad. Su rasgo físico más llamativo es que (8) .... el pelo largo y muy rizado. (9) .... un hijo: Martín. (10) .... dos años y (11) .... muy guapo. (12) .... moreno, (13) .... el pelo rizado y los ojos marrones.

4.2. **Escucha el texto anterior y escribe las diferencias.**

[23]

1. ....
....
2. ....
....
3. ....
....
4. ....
....
5. ....
....
6. ....
....
7. ....
....

4.3. **Completa las siguientes frases con los verbos *ser*, *tener* o *llevar*.**

1. Laura .... joven. .... el pelo moreno, corto y rizado y .... guapa.
2. Roberto .... el pelo corto y liso. .... rubio, alto y gordo. .... barba y .... los ojos azules.
3. Luisa .... castaña y .... el pelo largo y rizado. .... joven y guapa. .... gafas.
4. Aurelio .... viejo y delgado. .... los ojos marrones y .... bigote.
5. Susana .... los ojos verdes. .... alta y no .... delgada, ... el pelo rojo, liso y largo.
6. Julián .... alto, delgado, guapo y negro. .... el pelo corto y negro.

4.3.1. **Relaciona estas imágenes con las descripciones de la actividad anterior.**

4.4. **Lee el texto y contesta las siguientes preguntas.**

Hola. Os voy a contar cómo es mi familia. Me llamo Paloma, estoy soltera. Mi padre se llama Juan y mi madre, Sara. Tengo dos hermanos, Rafa y Julio, y una hermana, Rosa. Rafa está casado con Aurora y tienen dos hijos: Lucía y Carlos. Julio está soltero. El marido de mi hermana Rosa se llama Rodrigo y tienen un hijo, Diego, de tres meses, el pequeño de la familia.

1. ¿Cuántos nietos tiene Juan?
   ....
2. ¿Cómo se llama el nieto más pequeño de Sara?
   ....
3. ¿Cuál es la relación de Rosa y Aurora?
   ....
4. ¿Diego es hijo de Julio?
   ....
5. ¿Cómo se llama el hermano de Rafa?
   ....
6. ¿Cuántos sobrinos tiene Rosa?
   ....
7. ¿Cómo se llama la sobrina de Paloma?
   ....
8. ¿Cuántos tíos tiene Carlos?
   ....

4.5. **Escucha y di si la siguiente información sobre la familia de Eliana es verdadera o falsa.**

[24]

	V	F
1. La madre de Eliana es profesora de español.	○	○
2. El padre de Eliana se llama Nico.	○	○
3. El hermano mayor de Eliana está soltero.	○	○
4. Eliana tiene una sobrina.	○	○
5. Elías es periodista.	○	○
6. El hermano pequeño de Eliana vive en Uruguay.	○	○

4.6. **Relaciona los establecimientos con las acciones y con las profesiones.**

1. Lugar donde puedes comprar comida.
   ....
2. Lugar donde puedes comprar medicamentos.
   ....
3. Lugar donde puedes comer.
   ....
4. Lugar donde vas si estás enfermo.
   ....
5. Lugar donde aprenden los niños.
   ....
6. Lugar donde puedes comprar zapatos.
   ....
7. Lugar donde tienes el dinero.
   ....

4.7. Mira este plano y di si las siguientes frases son verdaderas o falsas.

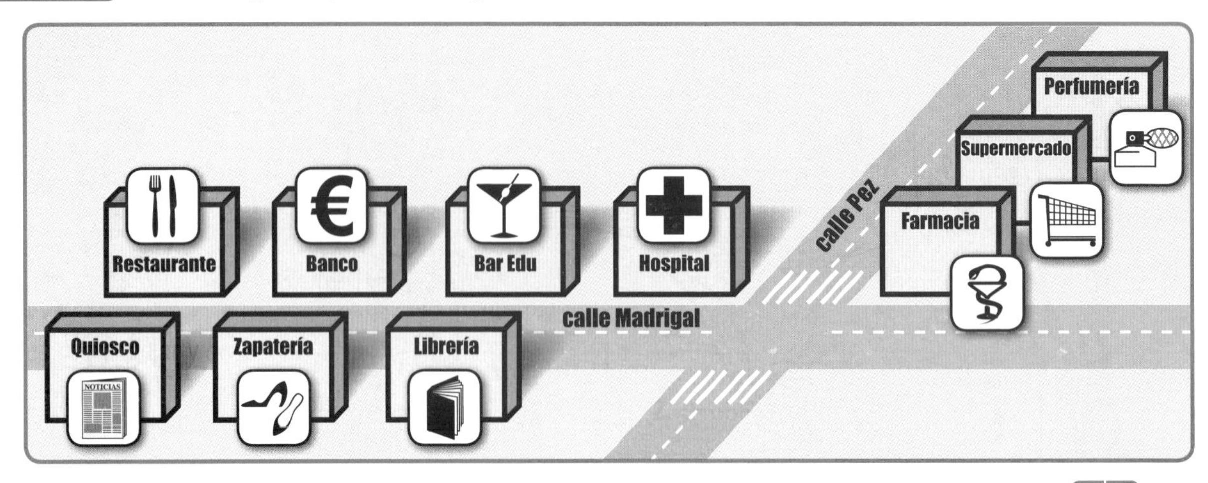

	V	F
1. Hay una farmacia en la calle Pez.	O	O
2. La zapatería está al lado de la perfumería.	O	O
3. El restaurante está enfrente del quiosco.	O	O
4. El Bar Edu está entre el banco y el hospital.	O	O
5. En la calle Madrigal hay una librería.	O	O
6. El banco está a la izquierda del restaurante.	O	O
7. En la calle Madrigal hay una floristería.	O	O

4.8. Íñigo va de vacaciones con su mujer y su hijo a un pueblo de Castellón. Escribe las preguntas que tiene que hacer en la agencia con la información que tienes. (Utiliza *hay* o *está*).

1. Localización del apartamento:

....

2. ¿Cerca de la playa?:

....

3. ¿Farmacia cerca?:

....

4. ¿Microondas en el apartamento?:

....

5. Localización del hospital:

....

6. ¿Cuna en el apartamento?:

....

7. Localización de un supermercado:

....

4.8.1. Escucha la conversación entre Íñigo y la empleada de la agencia de alquiler de casas y comprueba las preguntas del ejercicio anterior.

[25]

4.8.2. Vuelve a escuchar la grabación anterior y di si estas afirmaciones son verdaderas o falsas.

[25]

	V	F
1. El apartamento está cerca del pueblo.	O	O
2. El apartamento tiene garaje.	O	O
3. La farmacia está en la playa.	O	O
4. El hospital está en Castellón.	O	O
5. La cocina tiene microondas y horno.	O	O
6. El centro de salud abre de lunes a domingo.	O	O
7. En el apartamento hay dos camas: una grande y otra pequeña.	O	O

4.9. **Lee las siguientes definiciones de objetos y elige la opción correcta.**

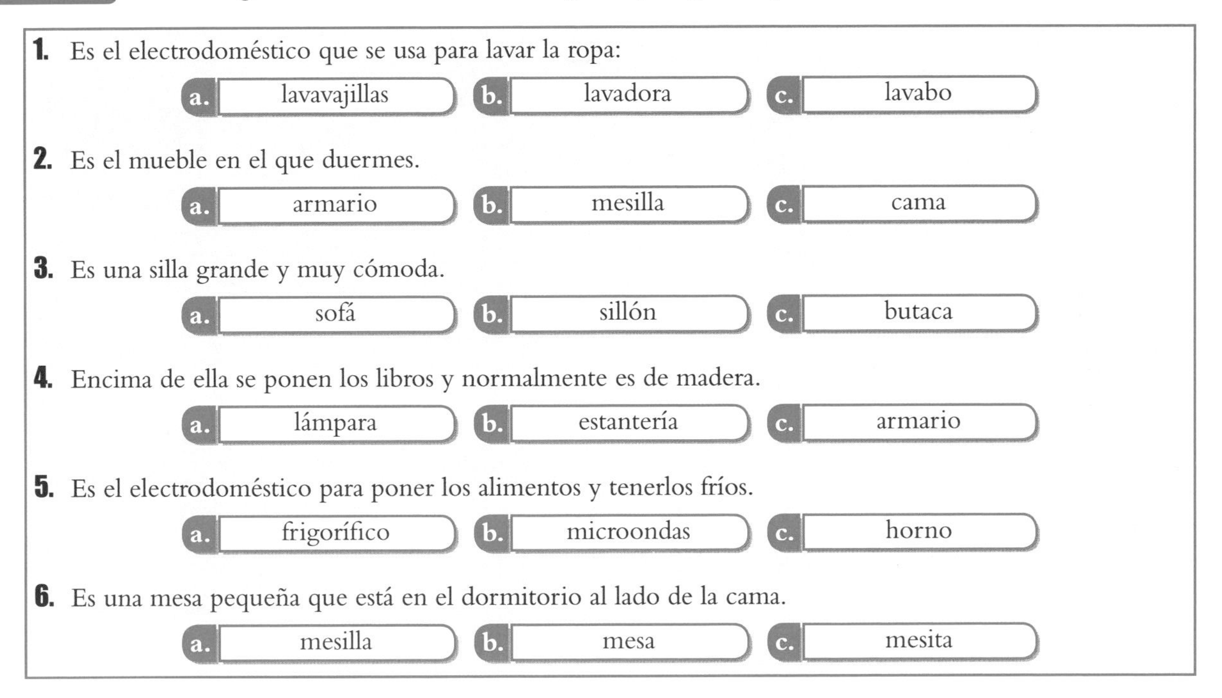

1. Es el electrodoméstico que se usa para lavar la ropa:

a. lavavajillas   b. lavadora   c. lavabo

2. Es el mueble en el que duermes.

a. armario   b. mesilla   c. cama

3. Es una silla grande y muy cómoda.

a. sofá   b. sillón   c. butaca

4. Encima de ella se ponen los libros y normalmente es de madera.

a. lámpara   b. estantería   c. armario

5. Es el electrodoméstico para poner los alimentos y tenerlos fríos.

a. frigorífico   b. microondas   c. horno

6. Es una mesa pequeña que está en el dormitorio al lado de la cama.

a. mesilla   b. mesa   c. mesita

4.10. **Busca las 6 diferencias que hay en estas imágenes y escríbelas.**

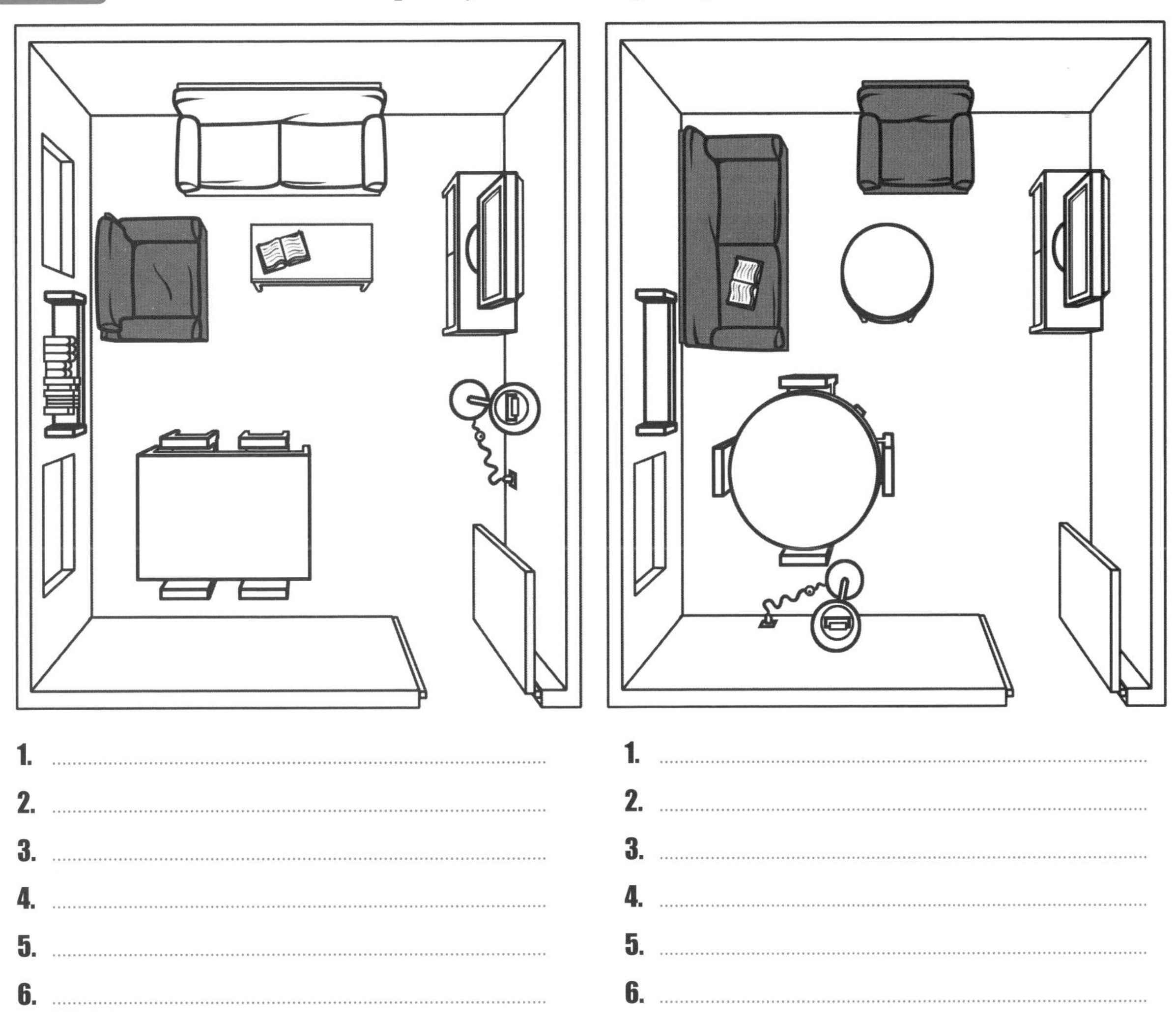

1.	**1.** ....
2.	**2.** ....
3.	**3.** ....
4.	**4.** ....
5.	**5.** ....
6.	**6.** ....

4.11. Describe los siguientes objetos. Di su forma y el material del que están hechos. Escribe debajo del dibujo el nombre del objeto.

Folio: es rectangular y de papel.

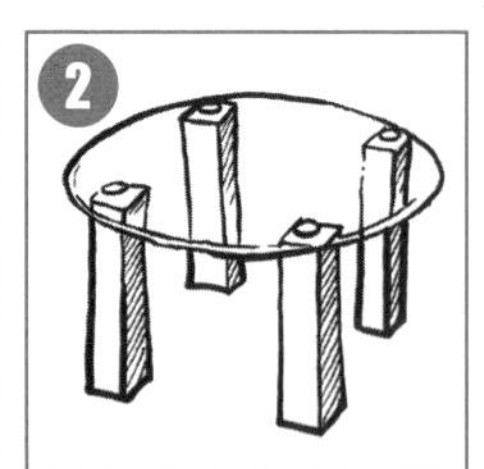

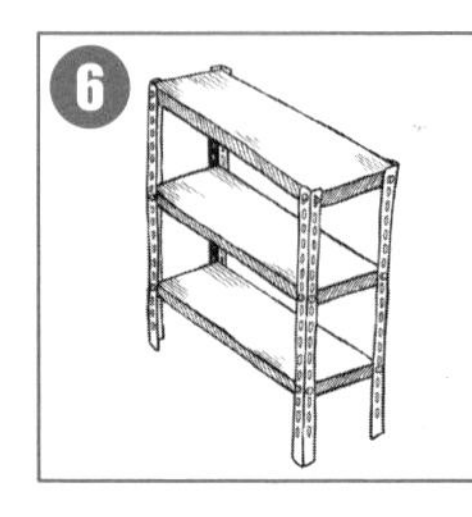

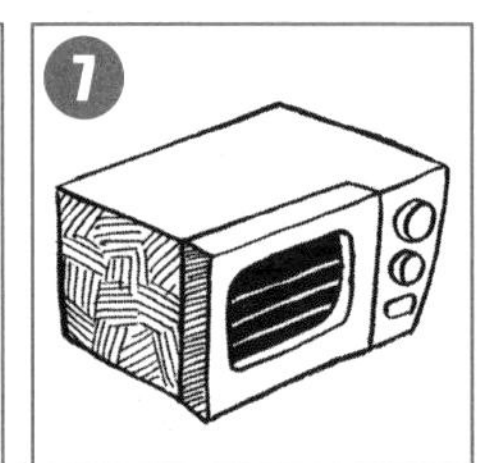

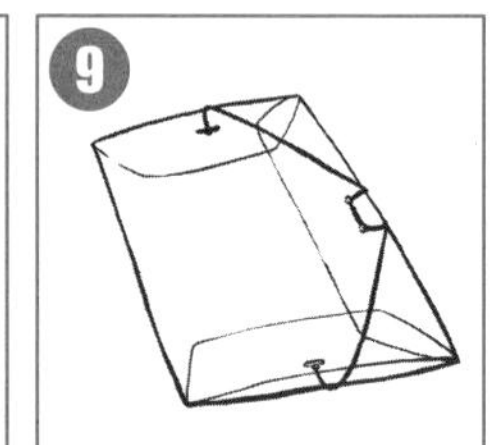

4.12. Lee cómo Lucía nos describe el salón de su casa.

El salón de mi casa es rectangular y no muy grande.
Según entras, a la derecha, hay una estantería de madera llena de libros.
En la pared de la derecha hay un mueble, y al lado, una mesa de comedor cuadrada con cuatro sillas. En la pared de la izquierda hay un sofá de cuatro plazas y una mesita rectangular delante del sofá. En la pared del fondo, donde están las ventanas, hay un sillón blanco y a su derecha hay una lámpara de pie. Entre la lámpara y el sillón siempre está mi perro Luna.

4.12.1. Describe ahora tú el salón de tu casa.

....

....

....

....

....

....

....

....

....

4.13. Lee las siguientes frases y complétalas con el verbo necesario y las palabras del cuadro.

calor ■ miedo ■ contento/a ■ cansado/a ■ frío ■ hambre ■ triste ■ sueño ■ nervioso/a

1. Si estoy en el Polo Norte y hay -20 °C...
   ....
2. Si veo una película de terror...
   ....
3. Si no duermo mucho porque tengo problemas...
   ....
4. Si trabajo muchas horas sin pausa...
   ....
5. Si mi hermana tiene un nuevo hijo...
   ....
6. Si bebo mucho café...
   ....
7. Si mi abuela está enferma...
   ....
8. Si estoy muchas horas sin comer...
   ....
9. Si en la calle hay 40 °C...
   ....